이렇게 소통하면
모두 리더가 된다

이렇게 소통하면 모두 리더가 된다

기분 좋게 사람을 움직이는 힘

조소영 지음

VIVA체

조직 관리에 애를 먹는
이 시대 모든 팀장들을 위하여

"소영 차장님, 다음 달부터 인천 작전지점을 맡으세요."

2022년 12월 X일. 본사의 팀장님으로부터 청천벽력 같은 발령 소식을 들었다. 지점이라고? 그럼 나더러 지점장을 하라는 소린가? 이거 어쩌지. 영업은 평생 해본 적이 없는데. 지점장은 또 뭐야.

벼락도 이런 날벼락이 없었다. 그렇다. 나는 영업의 영 자도 모르는 직원이었다. 기아자동차에 입사해서 근무해온 지는 꽤 오래되었지만, 회계, 재무, 물류, 법인 관리를 주로 해왔지, 영업은 다른 나라 이야기였다. 그런 나에게 영업을 하라니. 옷 벗고 나가라는 소린가.

더 솔직히 이야기하자면, "소영 씨, 여기서 한번 해볼래요"

따위의 발령 제안도 아닌 통보였다. 그날은 머릿속이 복잡하고 혼란스러워 일이 손에 잡히지 않았다. 남은 일을 하는 둥 마는 둥 하고 집에 와서 멍 때리고 있는 아내의 모습이 이상하지 않을 리 없다. 나의 이십년지기 친구이자 동지인 남편이 이럴 때는 눈치를 잘 챈다.

"회사에서 무슨 일이 있었어?"

"…"

"뭐야, 얘기해봐."

"나보고 지점으로 가라네."

"뭐? 당신이?"

"응."

"테스트 아니야? 가능성을 본 것 같은데."

"응."

며칠 뒤, 나는 그렇게 지점장이 되어 있었다. 인천광역시 계양구를 대표하는 작전지점장의 명찰을 달고 자랑스럽게(?) 출근했다. 아리송한 얼굴로 40대 여성 지점장을 맞이하던 직원들의 얼굴을, 나는 잊지 못한다. 완성차 업계에서 여성 리더가, 그것도 영업 파트에서 찾아보기란 하늘의 별 따기보다 더 어려운 게 현실이다. 여성이 살아남기 힘든 업계에서 여성 지점장과의 상견례라니. 그것도 초짜 지점장. 어쩌면 그들이 그런 표정을 지어 보이는 건 너무나도 당연했다.

신입 지점장에게 주어진 특명은 '나락으로 떨어진 작전지점을 구하라'였다. 그랬다. 작전지점은 전국에 있는 300여 개의 기아차 지점 중 280등을 달리고 있었다. 미안하다. '달린다'는 표현을 써서. '기고 있다'는 표현이 더 적확했다. 학교 생활로 비유하자면 공부에 별 관심 없는 학생들이 가득한 열등반 집단이었다. 회사 멀쩡히 잘 다니고 있는 일개 직원(?)을 이런 곳으로 발령을 내다니. 회사가, 인사팀장님이 원망스러웠다.

　　그런데 어쩌겠나. 나 조소영. 어떠한 난관도 헤쳐온 열혈 사원이 아니었던가. 돌이켜 보면, 내가 가는 곳마다 꽃이 피었다. '진흙탕 조직'이 '미네랄 조직'으로 바뀌는가 하면, 서로 물고 뜯던 직원들은 다시금 우애를 다졌다. 회사는 어떻게 이런 나의 강점을 속속들이 알고 진흙탕 수렁에만 이 조소영이를 발령 낼까. 멀뚱멀뚱하게 쳐다보는 작전지점 직원들의 순수한 눈망울을 보며, 마음이 또 약해지기 시작한다. '그래, 이건 신의 계시야. 이들과 함께 작전지점을 최고의 지점으로 만들어보자.'

　　누가 그랬던가. 필연은 우연을 가장한다고. 내가 작전지점에 떨어진 상황이 딱 그 꼴이었다. 둘 중 하나다. 회사가 나를 시험하거나, 내가 여기 올 운명이거나. 어쨌든 생각보다는 실행이 앞서는 나는 저성과의 구렁텅이에 빠진 이 문제 조직을 구원해내야 했다. 작전지점에 속한 10명의 직원들과 오리엔테이션을 갖고, 이튿날부터 본격 업무에 들어갔다. 그리고 1년이 흘렀다.

그다음 스토리는?

  결론부터 이야기하자면, 소위 말하는 '대박'을 쳤다. 전국에서 밑바닥을 헤매던 우리 지점이 300개 중 무려 1등을 한 것이다. 퍼센트로 따지자면, 상위 0.3프로쯤 되려나. 겨우 280 몇 등하던 조직을 10위 안까지 올렸으니, 주변에서는 신기해하기도 하고 때로는 의심스러운 눈초리로 나를 쳐다봤다. 이 책은 그 따가운 시선에 대한, 그리고 주변에서 가졌던 의아함에 대한 일종의 답변이다.

  주변에서 많이들 물어봐주신다. 도대체 무슨 일이 있었냐고, 아니 무슨 마법이나 술수를 부린 것이냐고. 이 문제를 가지고 남편, 친구, 친한 지인들에게 "내가 잘난 게 있어?"라고 물어보기도 했지만, "응? 글쎄?"라는 대답이 돌아오기 일쑤였다. 이 책을 쓰는 지금도, 솔직히, 아무리 곱씹어봐도 내가 한 건 별로 없다. 겸손이 아니라 진짜다.

  아, 그러고 보니 했던 게 있기는 있다. 우리 직원들을 진심으로 대한 거. 그거 하난 정말 잘했다고 자부한다. 그런데 그렇게 한 줄 달랑 쓰면 이 책을 펼쳐 든 독자들이 배신감과 상실감을 느낄 터이니, 내 지난 기록과 사건들을 다시 펼쳐 보고 반추하며 도대체 나 조소영이가 작전지점에 무슨 짓을 했는지 기억의 우물을 길어 올렸다. 그랬더니 뭔가 했긴 열심히 했더라. 단순히 '280등의 열등생'을 '1등의 우등생'으로 만든 결과만을 놓고 이야기하고 싶지는 않다. 아무리 자본주의 사회라지만, '성적지상주의'와 '황금만능주의'로만 치닫는 게 바람직하지만은 않다는 것쯤은 반평생 살아온 체감으로 누구보다 잘 안다.

자, 지금부터 여러분께 들려드릴 이야기는 '여성 지점장 조소영'이 리더로서 벌이고 실행했던 일종의 자전적 에세이다. 요즘 시대의 관리자들은 이렇게 호소한다. "아 진짜, 이 친구들하고 일 못 해 먹겠네. 이 친구들 대체 어떻게 관리해요?" 이 책은 이런 난제에 대한 아주 보편적이고도 개인적인 대답이기도 하다. 이 한마디만 드리고 책의 여정을 시작하고 싶다.

"팀원 다루는 데 세대가 따로 있나요?"

좌충우돌 기아차 입성기

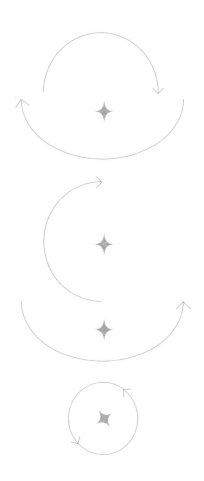

'삼다도'라고 불리는 섬이 있다. 제주도는 돌과 바람과 여자가 많다고 하여 삼다도(三多島)라고 불렸다. 반대로 '나'라는 섬은 삼무(三無)의 인생을 살았다. 시쳇말로 돈 없고 빽도 없고 능력조차 없었다. 그야말로 평범, 아니 그 이하의 인생이었다.

나는 경기도 안양시 만안구에서 4녀 중 셋째 딸로 태어났다. 출생연도를 언급하면 나이가 들키니 노코멘트하겠다. 우리 집은 평범하기 그지없었다. 아버지는 고등학교 화학 선생님이었고, 어머니는 평범한 주부였다. 교사와 주부의 조합이니 그래도 이런 조건까지는 제법 평범하다고 말할 수 있는 수준이었던 것 같다.

우리 가정의 평범한 일상이 무너져 내리기 시작한 건, 아버지가 이제 돈 좀 벌어야겠다고 사업에 뛰어들면서부터였다. 아버지는 오랫동안 잡아오시던 교편을 내려놓고 무슨 바람이 부셨는지 생전 겪어보지 않은 건축업에 도전하셨다.

그런데 사람은 해오던 일, 익숙한 일을 계속 해야 하나 보다. 한번은 이런 일이 있었다. 수주한 공사의 현장을 맡게 되었는데, 아버지가 관리하던 인부 한 분이 현장의 높은 구조물에서 추락하는 사고가 일어났다. 사고를 당한 사람이 다치기만 하셨다면 다행인데, 상태가 악화하더니 그만 돌아가시고 말았다. 초짜 건축업계 사장에게 일어날 수 있는 가장 최악의 시나리오, 그것은 청천벽력이나 다름없었다. 어느 날은 공사 현장에 불이 나 자재가 몽땅 타버렸다. 건축업은 아버지께서 뛰어들어서는 안 될 업(業)이었던 것이다.

아버지는 사업이 어려워지자, 처가에까지 자금을 빌려다 쓰셨다. 그런데 손을 대는 사업마다 족족 어려워지고 망하고 말았다. 오죽했으면 아버지의 당시 별명이 '마이너스의 손'이었을까. 만지는 모든 것이 황금으로 변했던 미다스(Midas)와는 정반대로 손대는 것마다 마이너스(minus)였다.

아버지는 건축업을 하는 중간중간에도 별별 사업을 다 하셨다. 심지어는 지렁이를 원재료로 하여 제품으로 가공하는 사업까지도 손을 대셨다. 그런데 그 역시도 잘되지 않았다. 그래서 지금도 비가 내리고 난 뒤 인도 위에서 꿈틀거리는 지렁이를 볼 때면 그때 생각이 떠오른다. 곧 말라 비틀어질 지렁이의 처지가 남 일 같지가 않아 지렁이를 들어 화단에 옮겨주기도 한다.

어쨌든 당시 부모님은 경제적 여건 때문에 굉장히 힘들어하셨다. 나 역시도 그 어린 나이에 가정에 돈이 돌지 않으면 화목과 행복의 온기 또한 돌지 않는다는 것을 절실히 체감했다. 어찌 보면 그리 빨리 오지 않아도 되었을 철들 나이가 열악해진 가정 환경 때문에 일찍 오게 된 셈이었다.

나는 어릴 때 제법 똑소리 나는 아이였다. 어떤 연유에서인지 몰라도 부모님은 집에서 4녀 중 셋째인 내게 웅변을 가르쳤다. 하도 어릴 적부터 웅변을 해와서 그런지 지금도 이상하게 사람들이 많은 곳에서 발언할 때 좀처럼 떨지 않는다. 오히려 청중이 많을수록 언변이 잘 나온다. 아마도 유년 시절 웅변 대회에서 갈고 닦고 뽐냈던 솜씨가 빛을 발하는 게 아닐까 싶다.

중학교 때까지만 하더라도 선생님들 사이에서 주목을 받았고, 웅변 대회에서 상도 깨나 받았기에 학교 입장에서도 나름 학교를 빛내는 학생이었다. 하지만 공부를 열심히 하거나 아주 잘했던 건 아니었다. 공부를 잘했다면 시험공부에 좀 더 매진했겠지만 그러지 못했기에 시험 대신 웅변 대회에서 적성을 살렸던 것이 아닌가 싶다. 오히려 성적에서 상위권을 다투는 아이들은 웅변 대회 같은 곳에는 나가지 않았으니까.

핑계 같겠지만 대회는 하필이면 꼭 시험 기간에 열렸다. 중

간고사나 기말고사를 준비하기보다 대회에 집중했던 나는 성적이 곤두박질치기 시작했고, 이것은 성적 악순환으로 이어졌다. 공부도 잘하지 못했거니와 집안 사정까지 어려워서 그때부터 '어떻게든 빨리 취업해 집안을 일으켜야 한다'는 일념으로 살아왔던 것 같다. 그래서 고등학교도 인문계가 아닌 실업계의 여상(여자상업고등학교)으로 진학했다.

1970년대 이전 세대들은 잘 알겠지만, 여상은 대부분 공부하는 분위기와는 다소 거리가 멀었다. 여상을 들어가고 보니 주변에서 나를 보는 시선이 달라졌다는 걸 느낄 수 있었다. 아니, 어쩌면 내가 다른 사람의 시선을 지나치게 의식했다는 게 더 맞는 표현이 아닐까 싶다. 대회를 나가더라도 중학교 때와 달리 사람들이 의구심 서린 눈초리로 나를 바라보는 것 같았다. 그러니 나 스스로도 자연스럽게 쪼그라들고 소극적인 성향으로 변모해갔다.

돌이켜 생각해보니 일종의 자격지심이었다. '나는 주류와는 떨어져 있다'라는 부정적인 마음이 계속 들면서 초등학교부터 오랫동안 해왔던 웅변도 흥미를 잃었고, 결국에는 그만두게 되었다. 이때부터 '이제 내가 살 길은 취직뿐'이라는 생각이 더욱 강해졌다.

앞에서 얘기했다시피 나는 여상 출신이다. 지금은 '여상'이라는 명칭을 쓰지 않고 정보고등학교나 디지털고등학교 같은 현대적인 이름으로 바뀌었지만, 내 학창 시절 때만 하더라도 지역마다 여상이 존재했다.

요즘 젊은 세대들은 생소하겠지만 여상은 여자상업고등학교의 준말이다. 상업고등학교는 흔히 말하는 '공부 안 하는 아이들' 혹은 '공부 못하는 아이들'이 가는 곳이었다. 특히 농업고등학교와 수산업고등학교는 대부분 공부와는 담을 쌓은 학생들이 진학했다. 나 역시도 공부가 하고 싶지 않았기 때문에 여상에 갔다.

여상에 진학한다는 것은 공부를 통해서 개천에서 용이 나기를 사실상 포기해야 한다고 봐야 한다. 물론 돌아가신 김대중, 노무현도 상고를 나와 대통령까지 했지만(김 전 대통령은 목포공립 상업학교, 노 전 대통령은 부산상업고등학교를 나왔다), 그 당시는 어려웠던 시절로 상고 계열이 이른바 '먹히던' 시대였다. 시대가 바뀌면서 대학교 진학이 필수이자 대세로 바뀌었고, 이에 따라 인문계열 고등학교나 외국어고등학교가 각광을 받았다. 이런 고등학교 입시에서 낙방한 이들이 떠밀리듯 진학하는 곳이 상고였다.

'환경이 사람을 만든다'고 했다. 여상은 소위 말해 '노는 분위기'였다. 차분히 공부를 하는 학생이 많지 않았다. 나 역시도 원체 공부에 흥미가 없었거니와 학교 내의 이런 분위기까지 더해지니 공부와는 점점 더 멀어졌다.

비인문계 고등학교를 다니는 아이들에게 장점도 없는 것은 아니었다. 일찌감치 공부와 담을 쌓고 지내왔기에 생활력은 오히려 공부 잘하는 아이들보다는 강했다. 그리고 뭐 좀 안다는 쓸데없는 자존심도 부리지 않는 편이었다. 돌이켜 보면 환경 적응력이나 생활력 등 실용적인 부분에서는 상고 아이들이 더 나았던 것 같다.

나 역시도 별반 다를 것이 없었다. 아니, 나는 어려운 가정 환경까지 더해져서 그 어린 나이부터 '공부만 해서는 먹고살 길이 막막하겠다'는 생각이 들었다. 어떻게 보면 일찍 철이 든 것이다. 그래서 학교에 대한 흥미는 일찍부터 없었고, 어떻게 하면 얼른 졸업해 취업 전선에 뛰어들 생각만 했다. 그리고 취업의 최우선 조건은 바로 '돈벌이가 되어야 한다'고 생각했다. 이 기준에 따라 도출한 결론은 바로 '금융권으로 가자'였다. 금융업계에서도 가장 보수가 높다는 증권회사를 가고 싶었다. 여상에서 회계 장부를 다루는 법 등 금융 쪽에서 쓰일 만한 기본적인 지식은 익혀놓기도 했고, 실질적으로 돈을 많이 벌었으면 하는 마음이 커서 무조건 금융업계에 들어가겠다는 일념 하나로면 구직 전선에 뛰어들었다.

그런데 금융업, 그것도 증권회사가 어디 들어가기 쉬운 곳인가. 여상 출신의 평범한 이십 대 여성에게 증권회사 입사는 진입 장벽이 낮지도 않을뿐더러, 시장 여건상 채용이 활발히 일어나지도 않았다. 게다가 지금은 취업 시장에서 남녀가 받는 차별이 많이 사라졌지만, 그 당시만 하더라도 성별이 여성인 것만으로도 시장에서 냉대를 받았다. 여성이라면 학벌이나 실력이 대단히 뛰어나야만 했다. 그런데 나는 아무것도 없었고, 그래서 대안으로 들어간 곳이 보험회사였다.

지금은 보험업을 바라보는 대중의 인식이 많이 개선되었지만, 당시만 하더라도 보험은 '애 키우고 할 일 없는 아줌마들'이 부업으로 시작하다가 적성에 맞으면 정식으로 뛰어드는, 그런 시선을 받는 업종이었다. 그래도 나는 재계 서열 상위 10위 안

꼽에 드는 대기업, 한화 계열의 대한생명에 입사했기에 그들과 같은 대우를 받지는 않았다. 그렇다고 인식도 썩 좋은 상황은 아니었다.

어쨌든 나는 첫 직장이니만큼 정말 열정적으로 잘 해내고 싶었다. 누구나 사회생활의 첫발을 내디디면 잘하고 싶은 마음이 불쑥불쑥 생기지 않던가. 나 역시도 마찬가지였다. 그런데 그곳은 머리에 피도 안 마른 신입 여사원을 환영하는 분위기가 전혀 아니었다. 오히려 엄청나게 텃세를 부렸다. 보험 영업 직원 중에는 아줌마 또는 언니들이 많았는데, '여초' 집단인 탓에 보이지 않는 은근한 시기와 질투, 괴롭힘 등이 있었고, 사회생활이라고는 해본 적이 없던 나로서는 적응 자체가 쉽지 않았다.

게다가 이쪽 판에 대해서 아는 게 없으니 보험 아주머니들이 수금을 해오고 하는데도 모르는 게 많아 매끄럽게 지원 업무를 해내지 못했다. 고등학교 졸업하자마자 바로 취업에 뛰어들었으니 나는 열아홉, 스무 살밖에 되지 않는 어린 나이었다. 지금 돌이켜 보면 내가 너무 어리고 철이 없어서 감내하지 못한 부분도 분명히 있었던 것 같다. 어쨌든 당시의 나로서는 회사를 다니는 것 자체가 대단히 버거웠던 기억이 있다. 결국 6개월 만에 사표를 쓰고 나왔다.

'여기는 도저히 못 다니겠다' 하고 눈을 돌린 곳이 바로 기아자동차다. 원래 남의 떡이 더 커 보인다고, 자동차 회사가 왠지 좋아 보였다. 그래서 관련 경력도 없는 20대 초반의 여성이 무턱대고 지원서를 냈는데 그게 덜턱 붙어버린 것이었다. 그렇게 조소영의 '좌충우돌 기아차 커리어'가 시작된 것이다.

처음 접하는 자동차 업계 생활도 당연히 쉽지만은 않았다. 이전 직장과 달리 그곳은 '남초'를 넘어서 '남초초' 회사였다. 이전에 다니던 여초 조직에서는 눈에 보이지 않는 텃세와 견제 등 심리적인 역학 관계가 나를 힘들게 했지만, 남초 조직은 여초 조직과는 또 다른 어려움이 있었다. 예를 들어 이런 것이었다. 남자들만 바글바글했기에 분위기가 너무 거칠었고, 서로 다투는 일도 비일비재했다.

그래서 보험업을 한 지 6개월 만에 낸 사표를 그곳에서도 6개월 만에 또다시 내고 말았다. 실질적인 사유는 '힘들어서' 였지만, 표면적인 사유는 '대학교 진학'이었다. 여상 출신이라는 학벌 콤플렉스가 취업 이후로도 계속해서 느끼고 있었고,

언젠가는 해결해야 할 내 커리어의 지상 과제라고 생각했다. 어쨌든 1994년 크리스마스이브 날, 기어이 사표를 내고 말았다. 당시 내 사표를 받았던 팀장님이 사표 서류가 크리스마스카드인 줄 알고 화색하며 받았던 기억을 떠올리면 지금도 웃음이 난다.

하지만 사표는 결국 받아들여지지 않았고, 영업 지점에서 물류 팀으로 발령을 받았다. 물류 팀에서 낮에는 업무를 하고, 밤에는 야간 대학을 다니며 '주경야독'을 했다. 팀장님은 "소영 씨는 지점장감이야. 최초의 여자 지점장이 될 거야"라고 하셨는데, 그때는 여자 팀장은 물론이고 대리 직급자조차도 전무하던 시절이라 귀담아 듣지 않았다. 시간이 한참 흐른 뒤 이렇게 지점장으로 활약하면서 그분의 예측이 맞아 떨어지는 삶을 살고 있으니, 도대체 내 어떤 점을 보고 그런 말씀을 하셨는지 신통방통할 뿐이다.

지금이야 30년이 지난 일이지만, 이제 와 돌이켜 보면 내가 사표를 제출한 것은 세 번이나 되었다. 어떨 때는 사람들과의 관계가 너무 힘들어서 다 때려치우고 수녀원에 들어갈 생각까지 했었다. 그만큼 이리 치이고 저리 치이면서 어려운 시기를 보냈고 있었는데, 천주교 모태 신앙인인지라 정말 진지하게 생각했었다. 그때마다 상사분들이 내 마음과 처지를 이해해주었고, "소영 씨, 그냥 조금 쉬다 오는 게 어때?" 하며 휴가 처리로 완전 퇴사를 무마해주었다.

그리고 그 무렵 위안이 되어주었던 책이 바로 도시건축가 김진애 박사의 『한 번은 독해져라』였다. 김진애는 책을 통해 현대인들이 스트레스가 너무 심하고 많은 업무에 치일 때 현명한 자세로 일을 쳐내는 요령을 알려준다. 업무와 인생 사이에서 흔들리는 현대인들을 위한 자기 단련법, 나아가 내가 어떠한 사람인지 알고 성장까지 하게 해주는 주목의 법칙, 즉 스스로 독해져보는 원칙과 방법들을 알려준다. 어찌 되었든 그렇게 버티고 견뎌내면서 여기까지 왔다. 이런 나 자신이 한편으로는 대견하게 느껴질 때도 있다.

지금은 조금 나아지긴 했어도, 생각할수록 나는 조직에는 정말로 맞지 않는 사람인 것 같다. 지금의 나를 보는 분들이라면 전혀 상상도 못 할 일이겠지만, 고백하건대 나는 내성적이고 개인적인 성향의 인간이었다. 수년 전부터 유행해온 MBTI 검사에서도 I와 E의 비율이 엇비슷하게 나온다. 원래는 I 성향이 짙었지만, 회사에서 머무는 세월이 길어질수록 '장'으로서의 책임감이 커지면서 아무래도 E 성향으로 옮겨진 것 같다.

그런데 사실 나는 지점장인데도 그 흔한 소주를 한 잔도 마시지 못할뿐더러 술자리도 그다지 좋아하지 않는다. 아마 우리 작전지점 직원 절반 정도에 해당하는 비주류파들은 이 부분을 제일 좋아하지 않을까 싶지만, 이런 이유만 보아도 내가 지점장이 된 것은 정말 의아한 부분이 있다.

　그래서인지 처음에는 영업과는 거리가 먼 부서에서 일을 했었다. 모르긴 몰라도 지금 돌이켜 보면, 배려가 깃든 부서 배정을 받은 것이 아닐까 싶다. 영업 쪽 업무를 하기 전까지 나는 주로 영업본부 내에서 예산을 만지거나 그 외에는 물류 운영팀, 법인 택시 조직 등에 몸을 담았다. 영업본부 소속으로 지역본부 내 각 지점으로 예산을 배분해 주고, 산하 대리점의 수수료 계산을 해주면서 거의 10년 동안 예산만 관리했다.

　예산 관련 업무는 내근직으로 성향과 적성에 맞는 부분이 있었지만, 정말 싫은 점 한 가지가 있었다. IMF 외환 위기 같은 어려운 시기에 발생하는 문제였는데, 그렇게 어려울 때는 지점에 배정된 예산을 내 손으로 깎아야 했다. 예를 들어 각 지점의 운영비 등 예산을 최대한 절감해달라는 고지를 내려야 했다. 어떻게 보면 내 돈도 아닌 것을 깎아내고 절감할 때면 해당 지점이 느낄 쓰라린 고통마저 체감이 되었다.

　'어떻게 하면 저 지점에 적게 배정할까' 하는 좋지 못한 생각으로 특정 대상에게 지적하며 피해를 주는 행위에 환멸을 느꼈다. 지금 보면 어떻게 10년이나 했지 싶은데, 어떻게 보면 계속 어려운 시기만 있었던 것은 아니니까 그 고통은 해당 기간에만 주로 왔다. 그래도 이미 말라비틀어진 수건을 한 번 더 쥐어짤 때의 고통은 겪어보지 못한 사람은 결코 모른다. 모르긴 몰라도, 아마 내가 어린 시절 그런 생활을 겪어보았기 때문에 싫었던 감정이 곱절로 다가왔던 것 같다.

나는 주로 예산을 만지는 일을 했지만, 법인 택시 조직에도 있어봤다. 법인으로 된 택시를 관리하는 조직이었다. 이후 2012년 그 조직에서 나와 A지점으로 발령을 받았다. 그 당시 A지점은 인천광역시 내에서 일하기 좋다고 소문 난 지점이었다. 실제로 이때 지점의 자유로운 분위기가 적성에 잘 맞았고 느낌도 좋았다. 평소 분위기 자체가 좋았는데, 차량 판매가 잘되면 그때 분위기는 이루 말할 수 없었다.

그렇게 평화로운 직장 생활을 영위하던 어느 날, 우리 지점 근처의 다른 지점에서 사람 문제로 이슈가 있었다. 해당 지점은 인천의 B지점. 보통 한 지점에는 지점장이 있고, 그 밑에 운영팀장, 그 밑에 매니저가 있는데, 해당 매니저만 나머지와 성별이 다른 여성이었다. 이 세 명의 합이 맞지 않아 서로 으르 렁대며 물어뜯고 싸우는 분위기에서 마침내 불씨가 터져버린 것이었다. 하루하루가 살얼음판이었고 서로 담당 부서를 바꿔 달라는 민원이 빗발쳤다. 인사팀에서는 남자 두 명을 빼느니 보다 여자 한 명만 바꾸면 나아질 거라는 판단을 하지 않았나 싶다.

전쟁은 늘 평화의 틈바구니를 비집고 불시에 찾아온다. 소위 말하는 '좋은 지점'에 발령을 받아 만족스러운 직장 생활을 누 리고 있던 어느 날, 본부에서 청천벽력 같은 지침이 내려왔다.

"소영 씨, 요새 B지점이 참 쉽지 않나 봐. 문제도 많고 탈도 많고 말이야. 그래서 말인데, 소영 씨가 B지점에 좀 가줄 수 있 겠어? B지점 사람들 성향상 그 분위기 좋게 바꿀 수 있는 적임 자는 소영 씨밖에 없는 거 알잖아. 알겠지?"

말이 부탁이었지 사실상의 '지령'이자 '발령'이었다. 그런데 원래 사람이란 게 평화로운 상황을 건드리면 일종의 방어기제 가 발동하는 법이다. 그건 누구나 그렇다. 과학적으로 증명된 사실이고 관련 연구 결과도 있다. 평범하고 이상적인 지점에서 정말 무탈하게 하루하루를 잘 보내고 있었는데, 이런 와중에 내 가 굳이? 하는 생각이 치밀어 올랐다. 하지만 조직 논리 아래에 서는 개인의 생각은 그다지 중요하지 않았다. 소위 말해 '까라 면 까야 하는 집단'이 조직이다. 그래서 결국 나는 '좋은 지점'

을 떠나 '문제 많은 지점'으로 발령을 가게 되었다. 그렇게 B지
점 생활이 시작되었다.

좌충우돌 기아차 입성기

어쩌다 지점장,
초심자의 리더 나기

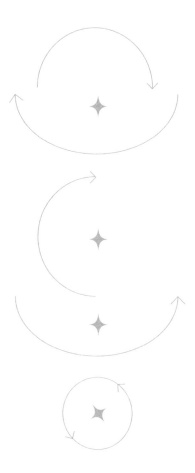

B지점에서 하는 일은 그간 해왔던 본부나 물류 쪽 일과는 180도 달랐다. 그런데 나중에 알고 보니 B지점은 영업 신입은 잘 보내지 않는 곳이었다. 어쨌거나 그런 곳에서 어떤 장(長)을 만나느냐는 대단히 중요한 문제다. 리더가 어떤 사람이냐에 따라 지점 생활이 달라지기 때문이다. 단순히 업무가 힘들고 편하고를 떠나, 리더로부터 배우는 것이 달라진다.

그런데 나는 정말 인복 하나만은 타고난 듯하다. 나를 믿어주는 좋은 지점장 리더를 만나게 된 것이다. 예를 들어 이런 거다. 어느 조직에 가나 불화 같은 문제는 발생하게 마련이지 않은가. B지점의 경우는 문제를 일으킨 사람 중 한 명을 보내고 내가 대신 그 자리에 들어오게 된 상황이었지만, 나중에 알고 보니 해당 지점장은 정말 괜찮은 사람이었다.

업무를 하다가 갈등이 생기면 중간 다리가 되어 소통과 조율과 통제를 잘 해주었다. 무엇보다 처음 지점에 발령받은 나를 전적으로 신임해주었다. 그러니 내가 업무를 하다가 막히거나 잘 알지 못하는 상황이 나오더라도, "그것도 맞네"라고 이야기를 해주면 그냥 내가 맞는 사람이 되는 셈이었다. 흔히 말해 '서번트(섬기는) 리더십'을 발휘하는 분으로, 지금도 나의 멘토로서 많은 배움과 깨달음을 안겨주고는 한다.

게임 기획자와 스타트업 대표를 거쳐 지금은 디자인 기업을 운영하는 여현준의 『일잘 팀장은 경영부터 배운다』를 보면 "권위는 내 것이 아니라 맡겨진 것이다"라는 구절이 있다. 이만큼 서번트 리더십을 잘 설명해낸 문구가 있을까.

'서번트 리더십'의 대명사
대한양궁협회

　'서번트 리더십(servant leadership)'의 대명사로는 바로 세계 최강 대한민국 양궁을 책임지고 후원하는 대한양궁협회가 있다. 대한양궁협회는 'INCLUSIVE'라는 가치 하에 신뢰 기반의 존중과 포용으로 대한민국 양궁의 2024년 파리 올림픽 양궁 전 종목 석권이라는 대업을 이뤄냈다. 이뿐만이 아니라 대한민국 여자 양궁 단체전은 1988년 서울 올림픽부터 2024년 파리 올림픽까지 '올림픽 10연패'라는 올림픽 역사에 길이 남을 연속 우승 기록을 작성해내기도 했다.

　대한양궁협회를 후원하는 현대자동차그룹이 대한민국 양궁의 싹들이 잘 자라날 수 있도록 진심과 공정성, 그리고 투명성이라는 원칙이 온전히 현장에 전달될 수 있도록 끊임없이 소통하면서 전폭적 신뢰와 지지를 보낸 덕분이다. 현대자동차그룹은 올림픽 대회 기간, 타국 음식으로 고생하는 국가대표 선수들을 위해 맞춤형 식단을 제공했을 뿐만 아니라, 현장을 세심하게 살펴 경기장 인근에 전용 휴게 공간을 마련했다. 2016년 브라질 리우데자네이루 올림픽에서는 현지의 불안한 치안으로부터 국가대표 선수들을 보호하기 위해 전용 방탄차를 제공하기도 했다. 이처럼 보이지 않는 부분까지 세심하게 지원하며 '서번트 리더십'을 몸소 실천해냈다.

현대자동차그룹의 정의선 회장은 리우데자네이루 올림픽을 앞두고 "저는 메달 획득이 중요한 것이 아니라 우리 선수들의 안전이 더욱 중요합니다. 만약 선수들의 안전이 확보되지 않는다면, 그들을 리우 올림픽에 보내지 않겠습니다"라는 명언을 남기기도 하였다. 선수들의 안전을 무엇보다 우선하는 진정성, 이를 바탕으로 선수들이 심리적 안정감을 갖고 자신의 자리에서 몰두할 수 있게 했다.

이뿐만이 아니라 무대 뒤의 보이지 않는 공로까지 기억하고 별이 빛을 되찾을 수 있도록 탈락한 선수들에게도 믿음과 지지를 보냈다. 오랜 시간 변하지 않는 진심 어린 소통으로 다져온 공감과 신뢰, 현대자동차그룹은 서번트 리더십으로 대한민국 양궁의 비전을 유지, 보존, 전승하고 있는 것이다.

나는 현장 일선에서 이러한 서번트 리더십을 적용하기 위해 끊임없이 의식하고 노력했다. 시간이 지나고 내가 지점장이 되고 리더가 되어보니 해당 업무를 하는 실무자를 어떤 사람으로 규정하느냐에 따라 그 실무자가 일을 잘하는 사람도 되고, 그렇지 못한 사람도 되는 거였다. 주변 분위기 등 환경을 어떻게 만들어주느냐에 따라 직원의 퍼포먼스가 달라졌다. 그런데 성숙하지 못했던 그 당시에는 그런 사실을 잘 알지 못했다. 몰랐던 이유도 있거니와 해왔던 관성대로, 하고 싶은 대로 조직에서 해왔던 것 같다.

예를 들어 영업 인력이 10명이 있다면, 모두가 차를 잘 파는 사람은 아닐 것이다. 그런데 그 중 한 명이 내게 와서 어려워하는 일을 나한테 하소연을 하면서 털어놓았다. 사실 그 직원이 어려워하는 일은 내 입장에서는 어려운 일이 전혀 아니었다. 물론 연차와 업력이 쌓이지 않았던 신입 시절에는 적지 않게 애를 먹기도 했지만, 늘상 해오면서 레벨업을 해왔기에 내게는 숨쉬는 것처럼 편안한 일이었다.

그래서 내 일처럼 나서서 도와주었더니, "대리님이 오시고 나서 일하는 게 재미있어졌어요"라면서 오히려 감사의 인사를 건네는 것이 아닌가. 이때 처음 깨달았다. 내가 하는 일과 건네는 도움의 손길이 동료의 업무 의욕을 고취시키고, 일하는 즐거움까지 안길 수 있다는 것을.

최고의 변화는 무엇으로부터 비롯되는 것일까. 나는 그 해답을 댄 설리번과 벤저민 하디가 함께 쓴 『누구와 함께 일할 것인가』라는 책을 통해 얻었다. 그것은 다름이 아닌 바로 '사람'이다. 재능, 노력, 운보다 강력한 것은 바로 사람의 힘이다. 두 명의 저자는 일과 인생에서 목표를 달성하고 행복을 얻고자 한다면 우리가 물어야 할 것은 바로 "이 일을 '어떻게' 할 것인가가 아니라, '누구'와 할 것인가"라고 말한다.

인간이 행복의 도파민을 가장 크게 얻을 때가 어려운 처지에 처한 사람을 도울 때라고 한다. 이것은 여러 연구를 통해서도 증명된 사실이다. 그래서 마이크로소프트의 빌 게이츠, 버크셔 해서웨이의 워런 버핏, 페이스북의 마크 저커버그가 천문학적

재산을 보유했음에도 불구하고, 마찬가지로 천문학적 기부를 통해 어려운 사람을 돕는 행위를 아끼지 않는 것이다.

나 역시도 어려움에 닥친 구성원을 기꺼이 도왔을 때, 그리고 그 도움을 통해 당사자가 기쁨을 느꼈을 때 크나큰 보람을 느꼈다. 심지어는 그 친구의 힘들어하는 부분을 도와주고 난 뒤에는 그 역시도 내게 힘든 일은 없는지 물어보기도 하고 적극적으로 도와주려 했다. 이후에는 내가 조직의 목표를 달성해내기 위해 '지금 당장 어떠어떠한 것이 필요하다'라고 하면 그 말에 잘 따르면서 목표를 완수해내는 인재로까지 거듭났다. 그때까지 한 번도 겪지 못한 정말 놀라운 경험이 아닐 수 없었다. 심지어 그때 나는 팀장이 아니라 실무 매니저였던 시절이었다.

세계적인 자기 계발의 대가 팀 페리스는『지금 하지 않으면 언제 하겠는가』라는 책에서 지금 만나야 할 사람들을 만나고, 지금 읽어야 할 책을 읽으며, 지금 해야 할 것들을 해야 한다고 강조했다. 나는 스스로 느슨해졌다고 느낄 때마다 서가에서 이 책을 꺼내 들고는 한다. 하루하루 좋은 날을 만들고 이것들을 쌓아 올려 내 인생의 매 챕터를 책으로 만들고자 하는 자기 확신까지 갖게 되었다.

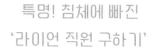
　한번은 이런 일도 있었다. 10년 정도 된 일이다. 영업에 나온 지 얼마 되지 않았을 때인데, 어떤 직원이 영업을 정말 밥숟갈 떠서 목에 넘기듯 쉽게 쉽게 하는 것이었다. 나중에 알고 보니 '할리데이비슨'이라고 거친 남성적 향취를 풍기는 글로벌 오토바이 브랜드가 있는데, 이 브랜드를 타는 동호회 조직이 몇몇 있었다.

　이 할리데이비슨 동호회 구성원들은 본인들이 필요로 하는 요구 사항을 조금 들어주면 우르르 와서 아는 사람들을 소개해주면서 신차들을 막 가져가는 것이었다. 별로 신경을 써준 것도 없고 납기만 맞춰드렸을 뿐인데도 말이다. 납기 일을 빨리 빼줄 수 있는 물건들, 예를 들어 지방 지점에 있는 전시 차 같은 것을 디스카운트를 해주면서 구해다 주니까 고객이 전국 어디에 있든 무조건 차가 팔리는 신기한 현상을 경험했다. 그때부터 나는 그걸 보고는 지점 전산을 뒤져서 영업을 어려워하는 팀원을 구해주기도 했다.

다시 돌아가서, 할리 데이비슨 쪽으로 영업 라인을 잡아서 잘 해오던 그 직원은 어느 날부터 슬럼프에 빠졌는지 갑자기 일을 제대로 하지 않는 것이었다. 그래서 '도대체 무슨 일이냐. 왜 일을 제대로 안 하느냐'라고 물어보았더니, 마치 기다렸다는 듯이 폭풍 하소연을 쏟아냈다.

사연인즉 이랬다. 아동복 매장에서 근무하는 한 여자 고객이 그 직원에게 협박하듯이 클레임을 걸면서 싸움이 난 것이었다. 그 일이 있고 나서 완전히 풀이 죽었고, 슬럼프까지 빠지게 되었다는 것이다. 그 이야기를 듣고 '그 여성 고객이 우리 직원을 너무 괴롭히지 않았나' 하는 생각이 들었고, 나는 선배로서 후배 직원을 도와주어야 한다는 의무감과 사명감에 즉각 행동으로 이행했다.

나는 그 직원에게 '그 고객이 일하는 곳이 어디냐'고 물었다. 그랬더니 '우리 지점 근처의 모 백화점 아동복 코너에서 근무한다'고 말했다. 그때 내가 무슨 정신으로 그랬는지는 모르겠지만, 아무튼 직원이 알려준 매장으로 찾아갔다. 내가 아동복을 사면서 그 여성 고객이 했던 것처럼 똑같이 대하면 어떻게 나

올지 궁금했다. 우리 직원이 당한 모욕감에 대한 약간의 복수심이랄까 심술이랄까, 그런 생각의 발로였던 듯하다.

하지만 궁극적으로는 직원이 입은 마음의 상처에 공감하고, 그 심연을 가늠해보기 위해서였다. 이러한 공감 능력은 손원평 작가가 쓴 『아몬드』를 읽고 한층 더 심화되었던 것 같다. 『아몬드』를 읽고 나면 다른 사람의 감정을 이해한다는 일이 얼마나 소중한지를 알게 된다. 이 책을 읽고 나서 나는 세상의 모든 아이들이 충분한 사랑과 공감을 받고 자기 자신이 존재 자체로 행복해졌으면 좋겠다는 생각을 해보았다.

이야기가 잠시 다른 길로 새었는데, 아무튼 내가 아동복 매장에 찾아가 그 여성 고객을 대면하고 나서 맨 먼저 들었던 생각은 '이게 웬일'이었다. 아동복 매장에서 근무하는 여성 고객은 너무나도 친절한 것 아닌가. 우리 직원 생각에 일부러 까다롭게 굴었는데도 그 여성 고객은 그런 내게 하나하나 세심하게 맞춰주려고 했다. 역시 사람은 직접 겪어봐야 안다고 했다. 직접 부딪히고 나니 이런 생각이 들었다. 그 여성 고객은 현업 매장 서비스직에 종사하면서 고품격 서비스를 실천해왔기 때문에 우리 직원에게 바라는 기준치와 니즈도 그만큼 높았던 것은 아니었을까.

그리고 이때 나는 일러스트레이터인 찰리 맥커시가 쓰고 그린 『소년과 두더지와 여우와 말』이라는 책의 한 대목이 떠올랐다. 이 우화에 등장하는 두더지는 소년에게 이렇게 말한다. "자신에게 친절한 게 최고의 친절이야." "우린 늘 남들이 친절하게 대해주기만을 기다려…. 그런데 자기 자신에겐 지금 바로 친절할 수가 있어." 대다수의 사람들은 다른 이들이 자신을 친절하게 대해주기만을 기다린다. 친절함을 스스로 베풀 수 있는데도 불구하고 말이다. 찰리 맥커시는 두더지를 통해 자신에게 친절한 것이 최고의 친절이라고 강조하고 있다.

또 소년은 이렇게 묻는다. "네가 했던 말 중 가장 용감했던 말은 뭐니?" 두더지는 이렇게 대답한다. "'도와줘'라는 말." 도와달라는 말에는 언제나 용기가 필요하다. 도움을 구하고자 한다면, 누구든 용기를 내야 한다. 그리고 책의 끝부분에 말이 남긴 마지막 대답은 이렇다. "누군가가 널 어떻게 대하는가를 보고 너의 소중함을 평가하진 마." 말의 대답처럼 내 소중함은 타인이 결정할 수 없다. 언제나 '나는 중요하고, 소중하고, 사랑받고 있는 사람'임을 기억하자.

할리데이비슨 동호인들은 기본적으로 유저 성향이 터프하고 마초적인 측면이 있었다. 서로 형님 동생 하면서 기분과 물건만 잘 맞춰주면 자연스레 영업 실적도 따라왔다. 그런데 전혀 다른 타입인 아동복 매장의 여성 고객에게는 굉장히 섬세한 대처가 필요했다. 그래서 우리 직원이 결국 그렇게 해왔던 영업이 약이 아닌 독이 되었음을 알게 되었다. 우리 직원이 달라진 고객 성향에 잘 맞추거나 대응하지 못한 것이라는 결론에 도달했다. 그래서 어느 날은 직접 그 직원과 이야기를 나눴다. 이런 이야기를 해주었던 것 같다.

'사실 내가 당신을 위해 그 여성 고객분이 근무하는 아동복 매장을 찾아갔었다. 그런데 알고 보니 그 사람도 되게 고생 많이 하더라. 식사도 제대로 하지 못하고 매장을 지키면서 손님으로 간 내게 최대한 맞춰주려고 하더라. 그래서 그분에게 내가 사실 모 지점의 누구고 당신을 응대한 사람은 내 동료 직원이라는 사실을 밝혔다. 그랬더니 그 여성 고객이 말하길, 나는 이러이러한 마인드로 일을 하는데 그 직원의 어떤 부분을 보고 실망하여 상처를 받았고 그래서 쓴소리를 좀 했다고 하더라.'

그렇게 진정성 있게 이야기를 해주었더니 직원은 내가 해결을 위해 그 매장에 직접 발걸음을 했다는 것 자체만으로도 마음이 녹아내렸다. 솔직히 이야기해서 해결이 된 것은 없었지만, 자신을 위해 액션을 취해줬다는 데 감동한 것이었다. 그 직원은 "저 다시 열심히 해볼게요, 대리님" 하며 마음이 풀어졌다.

이때 배웠다. 직원이 어려움에 처해 있는 상황에서 '나는 당신 편이다'라는 것을 느끼게 해주고 알려주면 굳이 어떤 사안을 해결하지 않더라도 수월하게 갈 수 있다는 것을. 당시 내 신분은 매니저였는데, 그 시절에 지점장이 해야 할 업무의 상당 부분을 배웠던 것 같다. 그리고 무엇보다 큰 배움. '처음부터 리더인 사람은 없다.'

실적과 성과,
자율과 자유의 차이

'실적'과 '성과'의 차이는 무엇일까? 류량도가 쓴 『제대로 시켜라』라는 책에서는 이에 대해 자세한 설명이 나온다. 실적은 일을 얼마나 했는지를 나타내는 지표인 반면, 성과는 고객을 얼마나 만족시켰는지를 나타내는 지표다. 지금도 그렇지만, 앞으로 조직은 '자율의 시대'로 그 트렌드가 빠르게 변화할 것이다. 하지만 '자율'이라는 단어에 담긴 함의를 제대로 포착하고 행동하지 않으면 도태 일로로 갈 수 있다는 것을 명심하자.

개인적으로 자율 속에는 '자유'와 '규율'이 함의되었다고 생각한다. 다시 말해 자유 속의 규율이 있다는 것이다. 자율을 자유라고 착각하고 자기 마음대로 행동한다면 반드시 그 대가를 치르게 된다. 반대로 자율의 의미를 정확히 파악하고 실천으로 옮긴다면, 더 많은 자유와 책임과 권한이 주어지게 된다. 이러한 사실을 나는 기아자동차 내에서의 조직 생활을 통해 절실히 터득했다. 자율을 원하는 성과와 결과물을 만들기 위한 수단으로 오롯이 활용한다면, 그러한 노력의 결실들이 차곡차곡 축적되어 더 위대한 결실을 이룰 수 있다.

이제 와 돌이켜 보면 내가 겪은 상사들은 나를 결코 방치하지 않았다. 내게 전적인 신뢰를 보내주고, 성장의 싹이 훼손되지 않도록 나를 믿어주고, 성과가 날 때까지 기다려주었다. 나는 이 또한 '인복'이라고 생각하고 있고, 그러한 까닭에 지금의 조소영이 있을 수 있었던 것이 아닐까 싶다.

또 하나의 배움이 있었다면, '내 운명은 고객이 결정한다'라는 깨달음이다. 2019년 힘들었던 시절, e커머스 전문 컨설턴트 박종윤이 쓴 같은 제목의 책 『내 운명은 고객이 결정한다』를 읽은 적이 있다. 처음에는 어떤 내용인지 이해가 잘 되지 않았는데, 책을 거듭 읽으면서 그리고 여러 에피소드를 직접 겪으면서 저자가 독자에게 전하고 싶은 메시지가 가슴에 와닿았다.

도널드 밀러의 『무기가 되는 스토리』라는 책에서도 비슷한 이야기가 나온다. 이 책에 따르면 주인공은 언제나 '고객'이지 회사가 아니다. 그렇기 때문에 매사에 내 고객이 어떤 것들을 필요로 하며, 어떠한 고객이 되기를 원하는지 빠르게 파악하는 것이 더없이 중요하다. 고객이 당장 필요로 하는 것들만 도와주고 충족시켜주는 것은 어떻게 보면 하수이다. 고수로 발돋움하려면 고객의 니즈 충족을 넘어 변화까지 할 수 있도록 도와야 한다. 나는 내 주변의 변화, 나의 직원부터 변화할 수 있도록 독려하면서 변화를 도왔다. 그랬을 때 결과적으로 고객의 변화는 자연스럽게 따라온다는 사실을 기적처럼 경험했다.

　영업 사원들이 영업을 하면서 어려워하는 부분이 있다. 예를 들어 이런 거다. 대부분의 문제는 신차 납기 일을 맞추지 못해 발생하는 고객 클레임이다. 모 고객의 주문을 넣으면 언제 차가 나오는지를 전산을 통해 고객들에게 보여드린다. 그러면 예컨대 다음 주쯤 주문 차량이 출고가 되니 준비를 해두시라고 고지를 드렸는데, 이게 갑자기 회사 사정상 몇 주 뒤에 밀리는 경우가 간혹 생기고는 한다.

　이럴 때는 고객들이 "그때 나온다고 했는데 언제 나와요?"라고 물어 오면, 해당 담당자가 무슨 죄책감이라도 드는지 사실대로 말하지 못하고 우물쭈물한다. 그러면 직원 성향이 착할수록 솔직하게 이야기하지 못해 고객과의 마찰이 생기게 되는 것이다. 그렇게 설명이 차일피일 미뤄지면 그게 다 고객의 화와 분노로 돌아가고 고객 클레임이 심화되게 된다. 대체적으로 착하다는 평가를 듣는 직원일수록 끙끙 속앓이를 하고 문제를 키울 공산이 크다. 이건 내 경험상 그렇다.

이때는 직원을 붙잡아 두고 질책할 것이 아니라, 도우미로 등판해 해결을 도와주는 편이 낫다. 예를 들어 고객 응대에 어려움을 겪는 직원 대신 직접 수화기를 들어 고객분에게 설명을 드리는 거다. '내가 여기 지점 누구누구인데 회사에 사정이 생겨 출고가 일주일 정도 미뤄졌습니다'라고 사실대로 말하면 '아 담당자세요?' 하면서 화를 내기보다는 오히려 '알려줘서 고맙다'고 하는 경우가 많았다.

이러한 대응이 나 같은 성향이라면 크게 어렵지가 않다. 아니 누구에게나 어려운 일은 아닌데 이러한 상황이 반복되다 보면 상황 자체를 모면하고자 기피하게 되고, 고객과의 마찰이 싫어서 차를 팔지 않는 최악의 상황까지 벌어지게 된다. 어려움을 겪는 직원들에게 이렇게 이야기했다.

"당신들은 차를 잘 팔기만 하고, 이런 문제가 생기면 내가 다 말해줄 테니, 나에게 이야기를 해줘라. 까다로운 고객분이 있으면 전달을 해줘라."

그랬더니 놀라운 변화가 일어났다. 차를 팔다가 클레임이 생길 때마다 차일피일 미루거나 묵혀놓거나 패싱하지 않고 곧

장 내게 보고가 들어왔다. 그러면 내가 해줄 수 있는 선에서 고객의 컴플레인을 해결해주었다. 예를 들어 이런 고객도 있다. 불만 고객이 보통 실무 담당자와 이야기를 하면서 얘기가 통하지 않는다 싶으면 윗사람을 찾을 때가 있다. 이럴 때 윗사람이 있으면 토스를 하지만 대개는 아랫사람 처지에서는 상사에게 넘겨주기가 여간 불편한 일이 아니다. 그래서 매니저들은 대개 그냥 유야무야 사안을 넘기거나 나 몰라라 하는 사태가 벌어진다.

그런데 고객들은 이런 행동에 화가 더 증폭되어 '당신 같은 사원들 말고 윗사람 나오라'면서 계속해서 윗사람을 찾는다. 그럴 때마다 나는 "제가 책임자입니다. 저에게 말씀해주십시오" 하면서 일단은 귀를 열어 고객 불만을 경청하고 허심탄회하고 진정성 있는 소통으로 고객 불만을 하나하나씩 잠재워 나갔다.

사람들은 기본적으로 문제가 닥치면 직접 부닥쳐서 해결하려고 하기보다는 외면하기 급급하다. 그런데 내 경험상 회피하면 문제가 더 커진다. 고개를 들고 문제 상황을 덤덤히 대면하고 하나하나씩 해결하고자 노력할 때, 그 노력에 진정성이 더해져서 풀기 힘든 문제가 풀리는 경우가 많다. '피할 수 없으면 즐겨라.' 이때 깊게 체감한 깨달음이다.

문제를 대하는 자세를 획기적으로 바꾸게 해준 명서 하나가 있다. 살아 있는 '경영의 신'으로 불리는 이나모리 가즈오의 『왜 일하는가』라는 책이다. 누구나 삶은 한 번뿐이다. 두 번의 기회는 주어지지 않는다. 그런데 한 번뿐인 자신의 삶을 가치 있게 가꿔 나가는 사람들은 과연 얼마나 될까. 이나모리 가즈오는 『왜 일하는가』에서 "인생과 일의 방정식은 곱셈"이라고 이야기한다. 그리고 내 뒤통수를 망치로 크게 때린 듯한 구절 하나. '문제보다 큰 사람이 되면, 어려운 문제는 없게 된다.'

이 책을 읽고 나는 매사에 정직하고 최선을 다하는 내실 있는 하루하루를 어떤 것과도 타협하지 않고 쌓아 나가자는 마인드를 갖게 되었다. 퍼펙트하게 노력하되, 자만하지 않는 그런 삶 말이다. 한 분야의 '온리 원'이 되어 다른 사람과의 비교가 아닌 자신의 어제와만 비교하며 성장하는 삶을 살자고 마음을 다잡게 되는 책이다. 피할 수 없으면 즐기기 전에 왜 일하는지 그 목적과 방향성과 가치를 아는 것이 우선이다.

여자 팀장?
그게 뭐 어때서요?

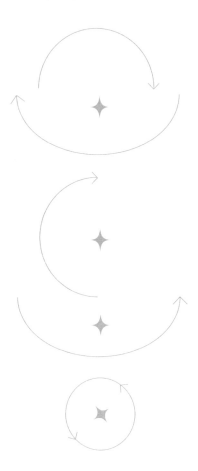

leadership

차는 어디 남자들만
팔란 법 있나요?

자동차 영업을 하면서 가장 어려운 부분 중 하나는 성별에 따른 선입견과 편견, 고정관념이다. 내 경우에는 업계에서 다년간 영업 조직을 이끌어왔으니 대우가 조금은 다르지만, 나 같은 여성 지점장을 바라보는 시선은 대부분 그렇지가 않다. 2030년을 향해 가는 지금도 그런 시선이 상당 부분 잔존해 있다. 여자가 자동차 영업, 나아가 자동차 업계 지점장으로 일하는 것에 대해 의아해하는 시선들이 많다.

한번은 이런 일도 있었다. 고객들이 계약한 신차 출고가 늦어지면 지연된 날로부터 하루하루 초조함과 함께 화가 쌓여간다. 어느 날 이런 문제로 고객이 우리 직원과 대화하다가 납득이 가지 않는 부분이 있었는지 답답함을 느꼈는지 자꾸 '윗사람을 바꿔달라'고 했다는 것이다. 그래서 지점에서 제일 '윗사람'인 내가 직원의 통화를 이어받았다. 그런데 고객은 그 '윗사람'이 여성인 것이 못마땅했는지 다시 '남자를 바꿔달라'고 했다.

그 말을 듣고 당황한 나는 "내가 담당자인데 무슨 남자를 찾으시느냐. 저한테 말씀하시라"라고 응대하기도 했다. 그제야 상황을 이해하고 화를 가라앉히며 대화를 이어간 기억이 있다. 이런 일은 아주 단편적인 사례에 불과하다. 자동차 영업 조직 일선을 이끌면서 여성이라고 업신여김을 당하거나 무시당한 적도 더러 있었다.

최근 몇 년 동안은 직업에 대한 남녀 성별 인식이 많이 달라지고 개선되었지만 아직도 부족한 부분이 많다고 느낀다. 의료 업계에 대해서도 마찬가지로 흔히 '의사' 하면 남성을 떠올리고, '간호사' 하면 반대로 여성을 떠올린다. 엄연히 '여성 의사'와 '남성 간호사'가 존재하는 데 말이다. 이는 직업을 바라보는 왜곡된 성별 인식의 대표적 오류라고 할 수 있다.

물론 남성이 더 낫고, 반대로 여성이 더 나은 직종도 있기는 하다. 예를 들어 힘을 써야 하는 직종에서는 여성보다는 남성이 수월한 부분이 많다. 건설 현장에서 무거운 건축 자재를 옮기는 데는 여성보다는 남성이 아무래도 유리하다. 이와 반대로 섬세함이 요구되는 카운슬링이나 디자인 계열은 고객의 이야기에 경청하고 공감하며 그러한 감정적인 부분도 놓치지 않고 반영하는 여성이 유리한 부분이 있다.

특정 직종을 놓고 '남자가 낫네, 여자가 낫네' 따위의 우열을 논하자는 것이 아니다. 우리 사회에 만연한 직업관을 인식하는 성별 차등적 오류가 시대 착오적이라는 점을 지적하고 싶을 뿐이다. 최근 들어 남성만의 전유물로 여겨져오던 완성차 업계의 조직도 서서히 여성들의 '우먼 파워'가 스며들고 있다. 이 땅의 여성 팀장들은 여성만의 섬세한 터치와 세심한 케어로 업계에서 경청과 공감의 리더십을 실천하고 있다.

비단 구호에만 그치는 것이 아니라 성과 면에서도 남성 리더에 결코 뒤지지 않는다. 혹여나 나 같은 여성 자동차 세일즈맨 혹은 지점장을 꿈꾸는 이 땅의 예비 여성 영업맨, 아니 '영업우먼'들에게 고하고 싶다. 어떤 업무든 역량으로 평가받는 것이지 성별로 평가받는 건 아니라는 걸.

1914년 영국의 극지탐험가 어니스트 섀클턴은 대원 27명과 함께 남극대륙 횡단에 도전했다가 목표 지점 코앞에서 배가 침몰하는 절망적인 상황에 맞닥뜨린다. 부빙에 갇힌 그들은 얼음 위에서 살아남기 위한 처절한 사투를 벌인다. 그들의 대장이었던 섀클턴은 최고의 리더십을 발휘하여 조난당한 지 634일째 되는 날, 단 한 명의 희생자도 없이 전원 구조된다. 이들의 사투를 생생하게 담아낸 책이 『인듀어런스』다. 인듀어런스는 그들이 탔던 배의 이름이다.

나 역시도 새클런처럼 실패를 하더라도 위대하게, 그리고 멋지게 해내고 싶다. 새클런처럼 '어떤 상황에서든 솔선수범하는 리더'를 꿈꾼다. 나아가 매기 앤드루스와 재니스 로마스가 펴낸 『다시 쓰는 여성 세계사』라는 책처럼 '다시 쓰는 여성 리더사' 라는 제목의 책이 나온다면, 그곳 한 페이지에 내 이름 석자가 실리는 발칙하고 즐거운 상상마저 해본다.

이야기가 잠시 다른 길로 샜는데, 설령 본인이 여성으로서 재직 중인 직장 또는 업계에서 반대의 상황에 직면하고 있다면, 그 조직은 가망성이 없으니 당장 사표를 쓰라고 권하고 싶다. 글로벌 기업의 인사담당자인 조은미가 쓴 『인사의 다섯 가지 조건』이라는 책에서는 일이란 과연 어떠한 존재인지, '밥벌이' 라는 지난하고도 고단한 현실에서 나의 존재를 보여주는 자아 실현의 장으로서의 변화는 어떻게 만들 수 있는지를 마치 옆에서 조곤조곤 이야기를 들려주듯 풀어낸다. 당시 나는 타인의 평판보다는 내 가치관에 맞게만 행동하려 했다. 그런데 이 책을 읽고 근본적인 선입관과 편견으로 자기 자신을 합리화하면서 투덜거렸던 과거를 반성하게 되었다. 지금은 그때보다는 조금은 더 나아진 조소영이 되었음을 믿는다.

앞의 글에서 전화로 남성 고위 관리자를 찾았던 그 고객에 관한 에피소드를 소개하려 한다. 그 당시 지점을 통솔했던 지점장은 회의에 참석 중이었고, 팀장은 팀장 역을 제대로 수행하기가 어려운 상황이었다. 사실 그 때문에 문제가 비롯되었다고 볼 수 있지만, 그에 대해 여기에 자세히 설명하는 건 불필요해 보인다.

기아자동차는 다양한 자동차 라인업을 보유하고 있다. 그 중 K시리즈의 프리미엄 세단 정점에는 K9이 있다. 소형인 K3부터 시작해 숫자가 올라갈수록 중형에서 대형으로 세단이 업그레이드된다. 아마 자동차에 조금만 관심이 있는 독자라면 잘 알 만한 내용이다.

어쨌든 그 고객은 자신이 기아차 최고급 사양인 K9을 구매하는 만큼 자기가 받는 대우 수준이 한참 미치지 못한다고 생각했던 것 같다. 그래서 전화 통화를 할 때도 "내가 K9 고객인데 대우가 왜 이러느냐"부터 시작해 불같이 화를 냈던 것이었다. 그런데 그 당시만 하더라도 내 마인드는 'K9 고객만 특별히 대우해줘야 할 이유가 있을까? 모닝 고객은 고객이 아닌가?'에 가까웠다. 그러니까 비싼 차량을 구매한다는 이유만으로 해당 고객들이 으스대는 꼴이 보기 싫었던 것이다.

지금 보면 다소 순진하고 단순한 생각이었지만, 그래도 어린 나이임에도 나름의 소신은 있었다는 생각이 든다. 나는 평소 가졌던 소신 그대로 'K9 고객이라고 특별히 잘해줄 것도 없고, 내게는 모든 고객이 소중하다'라는 생각으로 응대했다. 그 결과는 수화기 너머로 들려오는 고함이었다. 그 고객은 고래고래 소리를 지르면서 화를 내더니 결국 지점에까지 찾아왔다.

오죽 화가 나고 억울했으면 직접 지점까지 방문할 생각을 했을까. 나는 일단 화를 가라앉히고 마음을 진정시킬 요량으로 의자에 앉으시라 하고는 차를 한 잔 내오라고 했다. 그리고는 사과할 부분에 대해서는 정중히 사과를 드렸다. 한편, 그렇다고 해서 무대포로 소리를 지르고 안 되는 부분을 무작정 되게 하라고 한 부분은 옳지 못한 것 같다고 칼 같이 설명을 드렸다. 엄연히 절차라는 게 존재하기 때문에 무조건 전화로 해결해줄 수 없는 부분이 있다는 설명도 덧붙였다.

듣고 있던 고객은 미안했는지 금세 마음이 누그러졌다. 이런 일은 내 경험상 어떤 고객이든지 대동소이한 것 같다. 처음에는 감정적으로 격앙되었던 마음도 상황과 이유를 잘 설명하고 오해를 푼다면 이해를 하고 넘어가는 부분이 많다. 참고로 10년 전 그 악성 고객(?)은 지금은 내 열혈 팬 중 한 분이 되었다. 오히려 아직까지도 주변에 신차 구매를 원하는 지인이 있으면 소개를 해주시곤 한다. 진정성 있는 마음의 소통이 만든 변화다.

추후 친해질 기회가 있어서 그분의 사정에 대해 알게 되었다. 처음에는 '다혈질 고객이 왜 이렇게 욱하시나'라고만 생각을 했는데 다 나름의 이유가 있었다. 그 고객분이 이야기하기를, 자신이 모닝을 구매하던 시절에 모 직원으로부터 정말 좋지 않은 대우를 받았다는 것이다. 그래서 나중에 성공해서 꼭 기아에서 가장 비싼 차를 구매해서 정당한 대우를 받아야지 하고 생각했다고 한다.

그런데 이제 K9을 구매하게 되었는데 신차 출고가 늦어졌고 이에 대한 제대로 된 설명도 듣지 못했던 것이다. 게다가 컴플레인을 걸던 와중에 지점장을 바꿔달라는 요청도 받아들여지지 않고 자기와 이야기하자고 하자 화가 폭발했던 것이었다. 그러면서 당시에는 정말 화가 많이 났지만, "모닝 고객도 K9 고객과 다를 바 없이 소중하다"는 내 소신을 알게 되고 난 뒤로 그

한마디에 마음이 사르르 녹았다고 이야기해주었다.

그 이후로 그 고객은 사과의 의미로 배 한 박스를 들고 오셨다. 이뿐만이 아니라 내가 지점을 옮길 때마다 찾아와서 신차 판매를 도와주는 열성 팬이 되어주셨다. 이때 나는 또 하나의 영업의 진리를 깨우쳤다. 고객이 왜 화를 내는지 그 근본 이유를 찾아내서 소통하면 오히려 마음이 녹아들고 서로의 팬이 된다는 것이다. 기아차에 재직하면서 이런 식으로 나의 팬이 되어주신 분들이 몇몇 있다. 그저 감사할 따름이다. 그분들에게 여기에 고마움을 전하고 싶다.

신뢰 주기는 리더와
팔로어 하기 나름

　차 영업을 하다 보면 정말 별별 일들이 다 벌어진다. 회사 조직 내는 언제나 다사다난하고, 그 기업의 규모가 클수록 어떤 일이든 빈번하게 발생한다. 한번은 우리 직원 중 한 명이 사기 사건에 연루되어 퇴사 처리가 된 적이 있었다. 그렇게 조용히 매듭이 지어지면 이 얼마나 좋으련만, 그런 일은 절대 그냥 끝나지 않는다.

　어느 날은 한 조직원이 지점에 들이닥친 것이었다. 사무실에 와서 상의를 탈의하고 반 협박식으로 누구 나오라면서 회사의 업무가 돌아가지 않게 만들었다. 이런 상황에 처했을 때 누르라고 각 지점에는 비상벨이 비치되어 있었다. 그런데 비상벨을 눌러도 경찰이 출동하기까지는 시간이 걸렸고 그 사이에 엄습하는 불안감과 공포는 어쩔 수가 없었다.

어쩔 줄 모르고 있던 와중에 나는 어떤 용기가 생겨서였는지 몰라도 나서서 상황을 반전시켜야겠다는 마음이 동했다. 소란을 부리던 조직원에게 말을 건넸다. "그냥 옷을 입으시고 원만하게 이야기를 해보았으면 좋겠다"면서 정중하게 운을 띄웠다. 사람들이 위험한 상황에 처해 있는데 위협적으로 이야기를 건네봤자 좋을 건 전혀 없었다. 그랬더니 조직원이 주섬주섬 옷을 주워 입고, 때마침 경찰이 출동해 이야기가 잘 풀린 적이 있었다.

돌이켜 보면 매니저 시절에 내가 해왔던 일들은 그런 조율과 해결의 역할이 있었던 것 같다. 이런 모습들로 말미암아 쌓이는 건 주변의 신뢰였다. 매사에 언행이, 즉 말과 행동을 일치시키는 삶을 살아왔기에 언젠가부터는 누가 와도 직원들이 내 말을 들을 정도가 되었다.

그런데 사실 그런 믿음은 갑자기 싹이 터 자라난 것은 아니다. 우리 지점의 리더이자 당시 상사였던 지점장님이 나를 전적으로 신뢰해주신 덕이었다. 리더가 나를 전폭적으로 믿어주고 지지해준 덕분에 나 역시도 어떠한 순간 이후부터는 좋은 리더로 성장해 나갈 수 있었다. 신입 시절에, 이후 대리로서, 그리고 매니저로서 왜 실수가 없었겠는가. 물론 내 선임들이 실수가 생길 때마다 모든 것을 덮어주고 용서해주지는 않았지만,

대체로 큰 틀에서 믿어준 덕분에 좋은 싹으로 잘 성장할 수 있었다.

내 편이 생기면 좋은 점이 있다. 문자 그대로 나를 위해 싸워줄 든든한 우군이 생기게 되는 것이다. 한번은 어떤 직원이 본사와 싸울 때 '우리 조소영 대리가 말을 했는데 대체 당신 말은 뭐냐'는 식으로 이야기를 해준 적도 있었다. 그 이야기를 듣고 사실 나는 마냥 흐뭇하다거나 좋지만은 않았다. 오히려 아차 싶었다. 이들이 나를 그토록 전폭적으로 신뢰를 건네주고 대신 싸워주는 만큼 내가 더 잘해야 하는 거구나 하는 생각이 더 강하게 들었다.

지금 내가 가진 책임감의 대부분은 그렇게 나를 무한하게 믿어주는 사람들로부터 자라났다고 해도 절대 과언이 아니다.

'시간은 사람을 기다리지 않는다'라는 말이 있다. 효과적인 시간 관리의 중요성을 강조하는 말이다. 나에게도 이 위대한 명언 못지않은 명언이 생겼다. '사건은 사람을 성장하게 만든다.'

'시간을 사람을 기다리지 않는다'라는 말을 좋아하는 까닭에 평소 늘 가슴에 새기면서 살아왔는데, 기아차에 입사한 후 이런 저런 사건들이 발생하면서, 그리고 그 사건들이 나를 더 인격적으로 성숙하게 만들어주는 일련의 과정을 목도하면서 '사건은 사람을 성장하게 만든다'라는 명언을 생각하게 되었다. 음절 수도 같고 라임도 비슷한 두 명언은 이제 내 평생 가슴에 품고 다니는 '인생 명언'이 되었다.

어쨌든 이런저런 사건들을 겪고 나서 과장으로 진급을 하게 되었다. 그러면서 다른 지점으로 발령을 받아야 하는 상황이었다. 그런데 그 대목에서 또 한 번의 전혀 예상치 못한 사건이 터지고 말았다. 나와 함께 일했던 직원들이 "조 대리를 보내지 말아달라"는 청원(?)을 하는 것이었다. 그간 함께 하면서 미운 정 고운 정도 들었겠지만, 후자 쪽의 비중이 더 큰 것 같아 쓰나미 같은 감동이 밀려듦과 동시에 인생 헛산 건 아니라는 안도감이 들었다.

트러블이 있던 조직을 봉합시키고 나니 웬만하면 발령을 내지 않으려고 하는 분위기였다. 그런데 과장으로 진급하고 나서는 한 곳에서 계속 승진을 하기가 힘든 상황이니, 어쨌든 한 번 정도는 발령을 피할 수 없었다.

이제 와 하는 말이지만, 개인적으로 매니저 업무가 너무 재미있었기 때문에 승진에는 크게 관심이 없었다. 고객에게 원하는 차종을 취향과 쓰임새에 맞게 찾아주고, 직원들이 차를 많이 팔아서 인센티브를 받게끔 도와주는 일이 너무나도 적성에 잘 맞았던 것이다. 나 덕분에 직원들이 인센티브를 많이 받고 가계에 도움이 된다면 그것보다 더한 보람이 없었다.

이뿐만이 아니라 다양한 고객들과 마주하면서 상황을 해결해 나가는 재미도 쏠쏠했다. 그래서 나는 한창인 나이에 일선 매니저 뒤에 앉아 있는 팀장님처럼 실무가 아닌 관리, 즉 정적인 역할을 미리부터 맡고 싶지는 않았던 것이다.

그런 나를 기업에서는 어떻게든 승진시키려고 안달이 났다. 조직을 뭉치게끔 하는 인화력과 고객 컴플레인을 풀어 나가는 해결력만큼은 인정한 셈이었다. 지금은 공공연히 알려진 사실이지만 나 때만 하더라도 자동차 업계에서는 여성에 대한 진급이 특히나 박했다. 여사원들에게는 진급을 좀체 시켜주시 않았다. 이런 환경에서 지점의 매니저급 여직원을 관리자로 승진시킨다는 것은 능력을 인정한다는 의미나 다름이 없었다.

어찌 되었든 나로서는 대단히 감사해야 할 일이었지만, 당시만 하더라도 순수함이 있었는지 그냥 매니저 실무를 하면서 주변에 선한 영향력을 끼치는 것에 큰 보람을 느끼고 있었다. 이러한 나의 이타적이고 헌신적인 성향(?)을 우리 직원들이 알아봐줬기에 타 지점 반출을 막으려 하지 않았을까 싶다. 돌이켜보면 그때는 '로망'으로 가득했던 시절이었다.

여성 팀장 결사 반대?
역발상으로 남심 돌리다

　조직은 원래 개인의 취향 따위는 존중해주는 법이 없다. 이미 지점에서 성과를 낸 나는 강제 진급 및 발령을 피할 길이 없었다. 당시만 하더라도 전국적으로 여성 팀장은 거의 없었다. 전국에 몇 명 될까. 남성 구성원이 대부분인 지점에 여성 팀장이 간다면, 그를 서포트하는 대다수의 남성 직원들은 불편과 불만을 호소하는 경우가 많았다. 전시 차를 지점에 들여놓는 일부터 실무 대부분이 소위 몸을 써야 하는 일이 많은데, 아무래도 여성 팀장보다는 남성 팀장이 낫다는 논리였다.

　게다가 조직 내 음주 문화가 횡행하던 시절이었다. 지점의 직원들이 팀장님, 지점장님 하면서 분위기를 맞춰주며 술을 마시는 분위기였다. 요즘에야 회사에서 '조 대리, 퇴근 후 뭐해? 술

한잔 할까?'라고 하면 시대착오적인 상사로 인식되고 직원들의 손사래를 받게 되지만, 그때는 회식과 술로 많은 것들을 해결하는 분위기였다. 특히 자동차 업계와 영업 쪽은 종목의 성향상 더욱 그랬다.

그런데 여성 팀장이 발령받아 지점에 오면, 가뜩이나 술 한잔 입에 대지 못하는 여성 팀장이라면 그야말로 직원들 기준에서는 '비선호 팀장 0순위'로 꼽혔다. 조금 더 심하게 말하자면 반감이 더 컸다고 봐도 과언이 아니었다. 문제는 내가 가진 반감도 그들 못지않게 컸다는 점이다. 물론 그들과 반감의 결은 달랐다.

요즘은 성별과 나이, 계층 등에서 심리적 양극화가 극심해 관심을 두지 않으면 안 되지만, 원래 젠더 이슈에는 크게 관심이 없었다. 우리는 모두 태어날 때 하나의 성별에서만 나올 수 없고, 엄마와 아빠 두 분이 힘을 합쳐야 하나의 생명체로 태어날 수 있지 않나? 그리고 이 사회가 어디 하나의 성(性)으로만 살아지는 세상인가? 여성에게는 남성이 있어야 하고, 남성에게는 여성이 있어야 한다. 왜 성서에 아담과 이브가 등장하겠는가. 그것이 바로 세상을 조화롭고 균형 있게 돌아가게 하는 이치이자 작동 원리라고 생각했다.

어쨌든 내가 개인적으로 반감을 가지고 있는 것 중 하나가 바로 술이었다. 나는 싫은 건 죽어도 하기 싫어하는 성격인데,

그 싫은 것들의 목록에 술이 포함되어 있다. 술을 워낙 마시지 못하는 체질이기도 하거니와 몸에도 좋지 않은 술을 억지로 마셔야 하는 분위기는 더더욱 싫었다.

그때는 술을 강권하는 사회 분위기였다. 나는 왜 좋아하지도 먹지도 못하는 술을 마시면서 조직의 화합을 도모하고 팀워크와 응집력을 높여야 하는지 당최 이해가 되지 않았다. 이러한 문제 의식은 여성 팀장이기 때문에 가질 수 있는 것이기도 했다.

어쨌든 나는 이때부터 역발상에 돌입했다. '조직이 잘되면, 그래서 팀이 성과를 내면 술을 안 마셔도 되는 거 아니야?' 하는 생각에 이르렀다. 그 뒤로부터 나는 업계와 조직 내에 만연한 음주 문화를 희석시키기 위한 성과 내기에 골몰했다.

　매니저 시절 겪었던 경험들이 많은 도움이 된다. 조직의 성과는 개인의 성과와는 그 결이 다르다. 그리고 장급으로 갈수록 개인보다는 조직 성과를 바라보아야 한다. 이 점을 놓치는 관리자는 관리자로서 인정받지 못하게 된다. 나는 연차가 높지 않았던 때도 신기하게도 그런 것들을 본능적으로 감지했다.

　지점 발령 이후 언제부터인가 직원들에게 어려운 부분이 있는지 물어가며 도와주기 시작했다. 매니저 시절 했던 경험을 그대로 Cont+C(복사) 해서 Cont+V(붙여넣기) 하는 방식을 넘어 더 업그레이드된 방식으로 직원들의 어려운 부분들을 도와주었다.

　예를 들자면 이런 것이다. 해당 지점은 전산을 통해 고객들한테 보내야 하는 DM(Direct Message)을 담당 직원이 아닌 팀장이 계속 보내고 있었다. 그런데 심지어 팀장은 해당 고객들을 알지도 못한다. 고객을 알고 있는 사람은 영업 및 상담 일선에서 고객과 대면하는 담당 직원들이다. 이런 점을 무시하고 팀장이 숙제하듯이 실적 맞추기만을 위해 고객 DM을 직접 발송하고 있었던 것이다.

스케줄에 맞춰서 직원들이 보내야 할 고객 DM을 저조한 실적을 참다 못한 팀장이 실적 달성을 위해 마구 보내고 있었다. 팀장이 그런 일을 하고 있다는 자체가 지점 전체로 보았을 때 크나큰 손실이 아닐 수 없었다.

이 같은 사태를 파악한 나는 상부에 즉각 보고를 올렸다. 위에서는 한낱 초보 관리자가 그런 식의 보고를 올렸으니 아마 건방지다고 생각했을 것이다. 그런데 현실적으로 반드시 개선해야 할 부분이었고, 그걸 지적할 사람은 나밖에 없었다. 본사에서도 내 얘기를 듣고는 "그러면 그거를 누가 해요?"라고 따져 물었다. 나는 "그거 하라고 저를 보내신 거예요?"라고 되물은 다음 이렇게 선언하고 나왔다. "제가 우리 직원들 잘하게 만들 테니 조금만 기다려주세요."

처음에는 상부에서 "야, 평생 해봐라, 그게 되나. 그걸 누가 해. 직원들이 안 해. 그러니까 네가 해"라는 다소 아니꼬운 투로 지켜보았다. 나는 일단 믿고 기다려보라고 타협을 한 것이었다. 그 뒤로 나는 팀장이란 사람이 사원들 고객에게 DM을 보내는 짓을 그만두게 만들었고, 차를 산 고객을 차를 판 영업 사원이 직접 케어하는 구조로 바꿔놓았다. 나는 그러한 것이 차를 판 영업사원의 도리라고 생각했다. 그런 내 가치관을 직원 한 명 한 명에게 설명했고, 결국에는 설득까지 해내는 데 성공했다.

저더러 '가마니' 있다가
가라고요?

누군가를 설득하는 일은 참으로 어렵기만 하다. 원래 사람은 뭔가를 바꾸려고 하면 반발하게 마련이다. 내 상황도 다르지 않았다. 지점 직원들의 마인드를 전사적으로 개선해 나가는 과정에서 영업 팀장하고 관계가 틀어졌다. 영업 팀장은 내게 이렇게 말했다.

"그냥 예전 팀장이 하던 대로 조용히 있다가 가."

나는 납득이 되지 않으면 실천으로 이어지지 않는 스타일이다. 그런 식의 말이 내게 좋게 작용할 리가 없었다. 나는 당연히 그러고 싶지 않다고 반박했다. 그러다가 '전면전'으로까지 번지고 말았다.

지점 발령 이후 나는 지점의 분위기를 바꾸기 위해 여러 가지 노력들을 해왔다. 그전까지 조직의 분위기는 침체되어 있었다. 이와 같은 좋지 못한 부분들을 많이 바꿔놓았다. 나는 주로 분위기가 좋지 못한 조직에 '소방수' 내지는 '해결사'로 투입되는 경우가 많았다. 그렇기 때문에 내가 가는 조직은 대개 처음 대면했을 때 분위기가 대단히 침체된 경우가 다수였다.

그런데 어느 지점을 가든 지점장과 영업 팀장의 말이 법이 된다. 예를 들어 모 수석 팀장이 "어려운 조직인데 그냥 조용히 있다 가"라고 이야기하면 그 말이 그냥 답이 되는 것이다. 수석 팀장과 한판 대거리를 치른 이후 우리 지점은 문자 그대로 난리가 났다. 지점 내에 '수석 팀장이 조소영을 다른 지점으로 내보내려고 한다'는 소문이 파다해진 것이었다.

그런 소문이 돌자 직원들 사이에서는 난리가 났다. 내가 해놓은 것들이 있으니, 그리고 그러한 행위들로 말미암아 기껏 조직 분위기가 살아나고 있었는데 나를 내보낸다고 하니 직원들 입장에서는 납득하기가 어려웠던 것이다. 나와 함께 일을 잘해오던 직원들 사이에서는 '조소영 팀장 발령'이 최대 이슈로 떠올랐다. 이 이슈가 이토록 크게 번져 나갈 줄은 그때만 하더라도 전혀 예상치 못했다.

수석 팀장의 공개 사과를
이끌어내다

    나의 발령 이슈는 곧 노조의 항명으로까지 이어졌다. 그런데 그 전에 이런 처지에 놓인 나 스스로가 너무 억하심정이 들었다. 그래서 나갈 때 나가더라도 어떻게든 내가 이 조직을 바꿔놓아야겠다는 마음까지 들었다. 상부에서는 노조까지 들고 일어서면 회사 전체가 불편해지니 일단 네가 지고 들어가고 다음 분기 때 인사 명령을 통해 더 좋은 지점으로 보내주겠다면서 내게 회유책을 펼쳤다.

    그런데 내가 누구인가. 천하의 조소영이 아닌가. 나는 더 볼 것도 없이 항의를 했다. 내가 다른 곳으로 가면 나 다음으로 오는 팀장 역시도 이 사람들의 밥(?)이 될 수 있다고 강력하게 주장하며 발령을 결사반대했다. 신랑한테도 이야기를 해놓았다.

회사에서 나를 자를 수는 없겠지만, 이상한 곳으로 발령이 날 수 있다고. 자상하고 너그러운 남편은 나를 이해하고 응원해주었다.

그렇게 억울함에서 벗어나기 위한 사투를 시작했다. 우선 수석 팀장의 만행을 낱낱이 정리했다. 그가 나를 비롯한 다른 직원들에게 부당하게 대한 사례를 리스팅했다. 이슈가 이토록 커지니 직원들도 증언에 나섰다. 이러한 움직임이 이어지자 결국 영업 수석 팀장이 단체로 공개 사과를 하기에 이르렀고, 그를 따르던 직원들까지 하차하면서 내 조직이 다시 반등할 기회를 얻게 되었다.

여기에 더해 내가 발령받은 지 1년 만에 전국 상위권으로 쭉쭉 올라가니 직원들이 열심히 하는 분위기가 형성되지 않으려야 않을 수가 없었다. 팔로어를 이끄는 리더십과 리더십을 뒷받침하는 팔로어십의 위력을 느낀 사건이었다.

누구나 리더가 된다

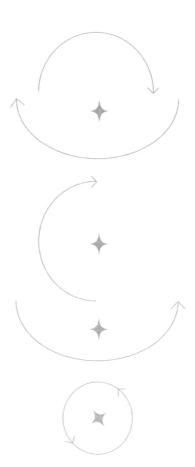

leadership

C지점에 부임한 뒤부터 내 목표는 '우리 직원 중에 스타를 키워내자'였다. 스타 한 명이 조직에 미치는 긍정적 효과가 어마어마다는 것을 그간의 경험으로 잘 알고 있었다. 스타가 나머지 조직원들을 실력으로 리드하는 구조가 잡혀야 해당 조직이 잘될 확률이 컸다. 존 고든이 쓴 『에너지 버스』에서는 조직 내에서 따뜻한 사람으로 인정을 받으려면 실력이 선행이 되어야 한다고 말한다.

『에너지 버스』에는 이러한 구절이 나온다. "누군가를 사랑한다는 건 그 사람이 최고가 되기를 원하는 거예요. 그 사람이 빛나길 바라고 돕는 거죠. 그 사람 안에 있는 보물을 발견할 수 있도록 돕는 것이요." 나는 내 주변의 모든 사람들을 사랑하며, 그들이 잘되었으면 하는 마음을 늘 가지고 있다.

손힘찬 작가는 『오늘은 이만 좀 쉴게요』라는 책에서 가수 선이 한 방송 프로그램에 나와 "결혼은 원석을 만나서 보석으로 만들어가는 과정"이라고 한 말을 소개한다. 그는 이어서 "사랑하는 사람이 보석이 되어가는 모습을 보는 게 정말 신나는 일"이라 말한다. 책에서 유독 좋아하는 문장이 되었지만, 보석으로 가공하는 일에는 실력도 필요하다. 이러한 진리를 앞서 언급한 『에너지 버스』를 통해 깨달았다.

'스타 양성'에 대해서는 월러스 델로이드 와틀즈가 쓴 『불멸의 지혜』라는 책이 떠오른다. 『에너지 버스』만큼 좋았던 책인데, 발매된 지 114년이 된 세계적인 스테디셀러다. 발매 당시 극소수의 권력가들만 읽고 그들의 자녀들에게 유물처럼 전해진 책이었다고 한다. 『불멸의 지혜』에서는 '감사'와 '행동'이라는 덕목에 대해 지속적으로 강조한다. 이 책에 따르면 세상을 위해 우리가 할 수 있는 가장 좋은 일은 자신을 최대한 활용하는 것이다. 단, 그 방법론이 중요한데 '경쟁적인 방법'이 아닌 '창조적인 방법'을 강조한다.

내가 스타를 키우자는 마인드를 가지게 된 것도 어쩌면 스타 양성이 내 경쟁자를 키운다고 생각하기보다는, 스타가 하나라도 더 나오게 된다면 결국은 그것이 나를 포함한 조직에 도움이 되는 일이라고 생각하기 때문인지 모르겠다.

업계에서 사용하는 '스타'라는 말은 특수한 개념이다. 기아 자동차에서 스타란 지점에서 연간 150대(2024년 평가 기준)의 차량을 파는 세일즈맨을 일컫는다. C지점에는 스타가 한 명도 없었다. 내가 스타 발굴 및 양성 프로젝트를 선포한 까닭이었다.

'스타 양성 프로젝트'를 구성원들에게 선언하고 나서 어느 날, 드디어 스타가 될 잠재력이 보이는 직원 한 명이 눈에 들어 왔다. 해당 직원 P과장은 그가 다니던 교회의 구성원부터 친인 척까지 아우르며 대단한 인맥 네트워크를 갖추고 있었다. 다만 아쉬웠던 부분은 그런 훌륭한 인맥을 활용할 생각은 하지 않고 지휘만 하고 있다는 점이었다.

제 얼굴에 침 뱉는 이야기일 수 있지만 용기를 내어 고백하 자면, 사실 기아자동차 조직은 노조의 힘이 워낙 강력해서 차를 많이 팔아야 하는 부담감이 그리 크지는 않은 구조였다. P과장 이라고 그 사실을 모르지 않았을 것이다. P과장은 지점 생활은 적당히 하고, 그 대신 교회 활동을 열심히 했다. 그리고 취미인 부동산에 나머지 시간을 올인했다. 내가 듣기로는 부동산 투자로 상당히 짭짤한 수익을 거두기도 했다. 이런 상황이라면 나라도 일정 수준 이상의 근로 소득을 위한 노력에는 소홀해질 것 같다.

어찌 되었든 나는 리더의 신분으로서 구성원에게 긍정적 감화를 미쳐야 하지 않은가. 어느 날 한번은 부동산에 관심이 있는 척하며 P과장에게 다가갔다. 그런 다음 P과장의 다른 주요 관심사 중 하나인 종교에 대해 화두를 던지면서 소위 말하는 '라포'를 형성해 나가기 시작했다.

사실 나는 천주교를 믿었지만, P과장이 믿는 기독교와도 비슷한 맥락을 만들어 나가면서 환심(?)을 샀다. 그러면서 당신 주변에 그렇게 훌륭한 인맥이 있는데, 그걸 조금 활용해 다리만 놓아주는 방향으로 우리 한번 가보자고 구슬렸다. 그 당시 C지점은 법인 영업에 상당한 애를 먹고 있었는데, P과장과 함께 그의 네트워크를 활용해 그 난관을 뚫어냈다.

남자 직원들이 잘되지 않는 부분들을 내가 여성 특유의 공감 능력에 기반한 사교성과 친화력을 활용해 매끈하게 풀어 나가기 시작했다. 그때만 하더라도 나는 제대로 인지하지 못했지만 내가 이야기를 시작하면 이상하리만큼 일이 술술 풀려 나갔다. P과장이 어려워하고, 하지 못하고, 할 의욕도 없던 부분을 그의 인맥을 활용해 돌파해 나갔고, 이윽고 우리 둘은 지점에서 '대형 사고'를 치고 말았다.

브렌든 버처드의 베스트셀러『백만장자 메신저』라는 책에 따르면, 나의 경험과 메시지를 그것을 필요로 하는 사람들에게 전해주기 위해 우리는 '누군가의 메신저'가 되어야 한다. 나는 그 책의 소중한 글귀들을 팀장 시절 몸소 실천했고, 그 결과 스타급 직원들을 발굴하고 키워낼 수 있었다.

'난관' K 공사를
뚫어낼 결심

P과장과 함께 드디어 나는 지점에서 대형 사고를 치고 말았다. 사회적으로 보면 '대형 사고'라는 단어를 쓰는 것이 미안한 일이지만 정말 그렇게밖에 표현할 길이 없다. 우리는 정말로 엄청난 영업 건을 성사시켰다. 여러 공사 중에서도 가장 굵직한 공기업 중 하나인 K공사를 뚫은 것이다.

K공사가 어떤 곳인가. 설립 목적을 명시한 K공사법이라는 것이 따로 존재할 만큼 어마어마한 기관이다. 관련 법에 따르면 K공사는 "도로의 설치 및 관리와 이에 관련된 사업을 하게 함으로써 도로의 정비를 촉진하고 도로교통의 발달에 이바지한다"라고 명시되어 있다. 2021년 기준 연결 매출액이 무려 10조 5000억 원이 넘었고, 연결 자산 총액은 무려 73조 원을 훌쩍 넘

어섰다. 정규직과 비정규직 그리고 무기계약직을 합한 총 직원 수가 9000명 가까이 되는 대형 공기업이다.

인천의 한 지점에 불과한 C지점 처지에서는 이곳을 개척한 일을 미국 서부 개척 시대의 '골드 러시(Gold Rush)'에 빗대 표현해도 전혀 과장이 아니었다. 과장을 조금만 더 보태면 '황금알을 낳는 거위'나 다름이 없었다. 우리 기아자동차를 계약하겠다는 건수가 말도 안 되게 폭등했다.

그런데 영업 P과장은 이전까지는 이 같은 굵직한 건을 다뤄본 일이 없었다. 그 점은 나라고 크게 다를 것 없었지만, 어쨌든 어안이 더 벙벙한 쪽은 나보다는 P과장 쪽이었다. P과장은 좋은 건 좋은 것이었지만, 막대한 규모의 계약 건이 성사된 점에 대해서 그 규모만큼이나 엄청난 부담감을 느끼는 것 같았다.

그렇다고 내가 직원이 기가 죽고 풀이 죽게 가만두는 사람이던가. 나는 P과장이 힘든 부분을 적극적으로 나서서 해결해주었다. 예를 들어 신차 납기에 문제가 생길 때는 중간에 나서서 매듭을 풀어주고, 부당하거나 합리적이지 못한 부분이 있으면 본사와의 싸움도 불사했다.

이토 모토시게는 『도쿄대 교수가 제자들에게 들려주는 쓴소리』라는 책에서, 두려움에 함몰되지 말고 거기에 뛰어들라고 말한다. 한마디로 '결과가 아닌 과정을 직접 겪어보는 체험'을 하라는 것이다. 이토 모토시게 교수는 후배들의 흔들리는 마음을 잡아주기 위해서 독한 충고도 서슴지 않고 내뱉는다. 그 이유는 후배들, 나아가 독자들에 대한 애정이 있기 때문이다. 그래서 독한 선배이기를 '작정'하고 나아가 '자처'하기까지 했던 것이다. 나는 이토 모토시게까지는 아니더라도 현재이자 미래의 새싹과도 다를 바가 없는 후배들을 위해서 두 팔을 걷어붙이기로 했다.

누구나 리더가 된다

'불가능'에서 앞 한 글자만 떼면
'가능'인 것을

K공사 같은 공기업들은 납기를 맞추는 일이 생명이다. 그래서 그들의 원칙에 한 치의 어긋남 없이 납기 일을 준수하기 위해 경험이 부족한 직원 대신 나서서 고충과 민원을 해결해주었다. 그런데 어디 나란 인간이 여기에 그칠 사람이던가.

한번은 이런 생각을 해보았다. '원래부터 우리 차가 들어가는 곳에 차를 더 많이 넣는 행위가 어떤 의미가 있을까?' 본디 발전은 질문에서 시작한다고 했다. 이미 가지고 있는 지분의 파이를 늘리는 것과, 남의 파이를 내 파이로 만드는 것의 효과는 단연 후자가 더 클 터였다. 우리 회사의 차량을 하나 더 팔아 점유율을 늘린다면 플러스 1에 그치지만 다른 회사의 차량이 들어가는 곳에 우리 차량을 집어넣는다면, 그것은 플러스 1이 아닌 플러스 2가 되는 셈이다.

'옳다구나!' 나는 속으로 내 아이디어에 감탄하면서 라이벌인 H자동차 대신에 우리 기아자동차를 집어넣는 방안을 모색하기 시작했다. 참고로 이런 거대한 아이디어와 프로젝트는 개인의 노력으로는 거의 불가능하다. 나는 본사의 협조와 지원이 절실하다고 보았다. 그래서 그때부터 바로 본사 담당자에게 찾아가 소위 말하는 '딜'을 하기 시작했다. 당시에 나는 팀장급에 불과했는데 본사에 가서 들이댈(?) 생각을 했다니 지금 생각해 보면 미친 짓이나 다름 없었다.

예를 들어 본사가 지점을 도와주어야 할 대목은 이런 것이었다. H자동차의 차량 대신 우리 소렌토가 우위를 점하려면 18개월이나 걸리는 납기 일정을 곧이곧대로 따라선 경쟁 우위에 설 수 없었다. 어떤 고객이든 신차를 빨리 받고 싶어하지 않겠는가. 그런데 이러한 부분을 너무 적나라하게 이야기하자니 본사 부서의 담당자가 난처함을 표하며 거절할 것 같았다.

그런데 나 조소영은 고민만 하다가 끝낼 성격의 소유자가 아니었다. 나는 원래 전략가도 아니거니와 사람 사이에는 진정성이 통한다고 생각하는 타입이다. 그래서 그냥 정공법을 택하기로 했다. 당시 내린 결정은 '본사 담당자의 집을 찾아가자'였는데, 솔직히 지금 생각해도 미친 결정이기는 했다. 그때도 나는 어떤 것에 한번 꽂히면 파고들어 해결해내야 직성이 풀렸다.

애석하게도 코로나19 팬데믹으로 사회적 거리두기를 시행하던 때였다. 본사든 어디든 사무실 면회가 대부분 금지되었던 시절이었다. 그런데도 무작정 본사를 찾아갔다. 아니나 다를까 한낱 팀장급 직원을, 그것도 방역 수칙이 철저하던 민감한 시기에 만나줄 리가 만무했다.

차선으로 선택한 곳이 압구정 지사였다. 그런데 어디를 가든 성사가 되는 날보다 허탕을 치는 날이 많았다. 본사에 구원의 SOS를 치고 협조를 이끌어내야 하는데, 매번 그렇게 허탕만 치니 사기가 떨어졌고, 심지어 허탈감마저 밀려왔다. 어떤 날은 담당자가 사무실에 근무하고 있는데도 나를 만나주지 않았다.

〈안녕, 헤이즐〉이라는 영화의 원작이기도 한 존 그린의 소설 『잘못은 우리 별에 있어』에서 주인공은 스스로가 짐이 되는 것이 속상하여 자신을 '수류탄'이라고 표현한다. 나는 지점에 오고 나서 자신 있게 조직 생활의 출사표를 던졌지만, 이처럼 잘 풀리지 않을 때면 구성원들에게 해만 끼치는 것이 아닐까 하여 『잘못은 우리 별에 있어』의 주인공과 같은 감정까지 느꼈다. 나 스스로가 지점의 수류탄은 아닐까 하는 자괴감마저 들었다.

나는 '하늘이 무너져도 솟아날 구멍은 있다', '간절하면 이루어진다'라는 옛말을 철썩같이 믿는 편은 아니었지만 계속해서 집요하게 물고 늘어졌다. 어느 날은 신의 계시가 있었는지 묘책 하나가 하늘에서 뚝 떨어졌다. 어쩌다가 담당자가 거주하는 집을 알아냈던 것이다. 그의 집은 내가 사는 송도에 있었다. 어디 사는지 대충 알고는 있었지만 우리가 이웃일 줄은 꿈에도 몰랐다.

그 뒤로부터는 아예 전략을 바꿔 압구정을 버리고 송도의 집을 공략하기 시작했다. 지점에서 퇴근하면 매일 송도로 가서 담당자의 집 앞에서 줄곧 그를 기다렸다. 그때는 도대체 무슨 정신으로 그랬는지는 모르겠지만 이것밖에 방법이 없다는 직감이 강하게 들었고, 이렇게 하지 않으면 안 된다는 그 직감을 믿었다.

그리고 그런 간절함의 또 다른 원동력은 바로 P과장을 향한 걱정이었다. P과장은 안분지족과 안빈낙도의 자세로 지점을 잘만 다니고 있었다. 그를 꼬드겨 큰 판에 내몰게 한 이는 바로 나였다. 그래서 P과장을 향한 모종의 사명감과 책임감이 싹텄다. 게다가 P과장도 이 '대형 사건'의 주동자 중 한 명이었기 때문에 매듭을 짓지 못하면 그 역시도 타격감이 클 터였다. 또한 P과장을 도와주는 것이 곧 나를 위한 일이기도 했다.

어느 날 간절한 기다림이 통했다. 본사 담당자 집 앞에서 기다리다가 그의 차량이 주차되어 있는 것을 우연히 발견하게 되었다. 나는 잠복해 있다가 그가 귀가하는 것을 보고 조심스레 따라붙었다. 본사 담당자는 그동안 나를 잘 피해 다녔는데 생각지도 않은 곳에서 마주치니 당혹감을 감추지 못했다. 나는 침착하게 그간의 과정과 상황을 설명했다. 그러면서 내가 당신의 스토커는 절대 아니며 앞으로 더는 귀찮게 하지 않을 테니 눈 한 번만 딱 감고 도와달라며 감정에 호소했다. 그렇게 어렵사리 본사 담당자에게서 협조를 받아냈다.

그의 도움을 받아 나는 본사 고위 관계자와 미팅을 성사시킬 수 있었고, 기아차 본사의 전국구 핵심 인원 일곱 분과 회의를 가지게 되었다. 그중에는 지금은 퇴임한 임원분도 계시는데, 이 지면을 빌어 당시의 배려와 호의에 대해 진심으로 감사함을 전하고 싶다.

어느 세월에 바텀업?
대담했던 업다운 유도 전략

고위 임원진들과의 자리에서 내가 할 수 있는 일은 어필이 아니라 호소를 하는 것이었다. 본사에서도 이미 그 전의 성과들로 인해 조소영의 존재감은 어느 정도는 알고는 있었다. 그렇다고 한들 한낱 팀장급을 상대해줄 시간과 이유가 그들에게 딱히 있을 리 만무했다. 냉정하게 말해 그들 입장에서는 조소영을 도와주어도 그만이었고, 도와주지 않아도 그만이었다.

나는 그분들 앞에서 이런 이야기를 했던 것 같다. '지금까지 이렇게 저를 도와주셔서 저와 지점이 이러이러한 구체적인 성과들을 낼 수 있었다. 그래서 정말 너무 감사하다. 그런데 저희가 더 큰 일을 해내려면, 그리고 지금보다 더 큰 성과를 내려면 지금까지의 협조와 지원으로는 역부족인 것이 사실이다. 제가 생각한 청사진을 실행에 옮겨 성공까지 도달하려면 본사의 절대적인 협조와 지원이 필요하다.' 이런 말들로 나름의 전략을 기반으로 열정적인 프레젠테이션을 펼쳤다.

그런데 내 프레젠테이션을 듣고 한 임원이 지나가는 말로 모 직원에게 칭찬 한마디를 했다고 한다. 기업에서는 그렇게 스쳐 가는 말도 임원의 입에서 나온 말이라면 그 파급력이 대단히 크다. 허투루 들어서도 안 되고, 헛투루 넘길 수 있는 말이 아닐 수 있기 때문이다.

어쨌든 임원의 한마디가 조직에 미치는 파급 효과는 가히 대단했다. 그의 말은 나비 효과를 일으켜 빠르게 조직 하부로 번져 나갔다. 보통 18개월이 걸리는 소렌토 출고 일이 단축되게 된 것이다. 그리고 한 번이 어려운 일이지 물코가 트이니 지원이 계속 이어졌다. 조직 내에서는 한 번 그렇게 되면 어느 순간 당연한 일처럼 여겨지기도 한다.

P과장과 나는 롤러코스터의 밑바닥까지 갔다가 정점으로 올라선 짜릿함을 느꼈다. '구사일생'이라는 사자성어 표현이 꼭 들어맞았다. 이 대형 프로젝트를 성공적으로 매듭짓고 나서 나는 그에게 이렇게 말했다.

"그동안 맨날 같이 잘해보자고만 해서 마음이 좀 그랬다. 나를 반신반의했을 텐데 잘 따라와 줘서 정말 고맙다. 이제는 당신도 진정한 우리 팀이다. 이제 당신은 고객에게 정해진 납기만 맞춰주는 이런저런 차종 담당자가 아니다. H자동차의 판매 지분을 가져와 우리 차의 계약 점유율을 높이는 실로 엄청난 일을 성사시킨 거다. 그러니 더 큰 자부심을 가지고 앞으로 더 잘해보자.”

그 사건 이후로 P과장은 나의 열혈 팬이자 지지자가 되었다. 내가 P과장에게 심어준 것이 사실 대단한 것은 아니었다. ‘처음이지만 한번 해보자’는 의욕, 그리고 실제 아웃풋을 만들어내면서 해낼 수 있다는 자신감 정도였다. 그럼에도 불구하고 P과장과 나, 그리고 그 당시의 지점장까지 세 명은 그날부터 일심동체처럼 움직이면서 환상의 콤비로 최고의 시너지를 창출했다.

카이로스경영연구소 대표 최종엽이 쓴 『오십에 읽는 논어』의 핵심 메시지 중 하나는 ‘뭐든지 빨리 하려고 하면 달성하지 못하고, 자그마한 이익을 보려다 보면 큰일을 이루지 못한다‘이다. 가까이 있는 사람은 기쁘게 하고, 먼 곳에 있는 사람은 찾아오게 하는 것이 사람이 나이 오십이 되면 갖춰야 하는 인생론이라고 한다.

과연 나는 어떠했을까. 돌이켜 보면 나는 개인적이고 세속적인 측면이 없지 않았다. 의미를 추구하고 좇기보다는 더 많은 부와 명예와 목표를 이루기 위해 앞만 보고 달려온 것은 아닌가 반성하게 되었다. 때로는 남들처럼 똘똘한 부동산 한 채를 장만하기 위해 달려왔고, 나와 우리 가족이 잘살기 위해서 거침

누구나 리더가 된다

없이 달려왔다.

　『오십에 읽는 논어』의 저자 최종엽은 『논어』의 마지막 문장에 삶의 중요한 기준이 들어 있다고 말한다. 그것은 "목적 있는 삶, 바르게 사는 삶, 함께하는 삶의 원칙"이다. 성과나 결과도 중요하지만, 이 세 가지 기준이 내 삶과 얼마나 일치하는지 돌아보게 된다. 또한 "먼저 자신의 말을 스스로 실행하고 그다음에 타인이 자기를 따르게 한다"라는 공자의 말에 나 자신을 반성하게 된다.

위대한 스타의 탄생,
그리고 또다시 찾아온
스타급 시련

'스타'를 발굴하고 키워내자는 목표는 아직도 변함이 없다. 그리고 그것을 실현해내기 위해 부단히 노력하고 있다. 스타 탄생의 신호탄을 쏘아 올렸던 직원이 바로 P과장이었다. 그는 K공사 전체의 차량 거래 계약을 나와 함께 성사시키면서 거짓 말처럼 '스타'가 되었다. 그리고 우리 지점 모두의 노력에 힘입어 우리는 전국 300개 지점 가운데 무려 4위에 이르는 순위까지 기록하게 되었다.

이때의 성과를 조직에서는 눈감고 지나가지 않았다. 본사는 또 한 번의 발령을 시행했다. 대상은 당연히 나였다. 나는 D지점, 다시 말해 기아차 조직에서 가장 상징적이고 가장 큰 조직의 팀장으로 가라는 지령을 받았다. 본사 입장에서는 그동안의

누구나 리더가 된다

내 역량은 확인했으니 지역 내 가장 큰 조직에서도 한번 해보라고, 나아가 그 조직을 더 키워보라는 특명을 내린 것이었다.

나는 그곳에서 팀장직을 약 10개월 동안 수행했다. 그곳에 몸담은 기간은 1년도 채 되지 않았지만 나름 많은 것을 일구고 배우고 나왔다. 사실은 좋지 않은 상황들을 보면서 배운 점이 더욱 많았다. 보안상 모든 것을 다 이야기할 수는 없지만, 그 당시 정말 자기만 아는 상사를 만났다. 쉽게 말해 본인만 잘나고 본인만 탁월하다고 생각하는, 자기만 아는 스타일이었다. 그는 해당 지점의 장이었는데 모든 사람을 본인 기준으로만 보고 판단했다.

예를 들어 신차 생산량이 정해져 있어서 납기를 맞추는 데 무리가 있다고 말하면, 공장에 이야기해 생산을 우리 쪽으로 맞추라고 했다. 자기는 과거 더 적극적이고 열성적으로 많은 성과를 올렸으니 직원들이 그때 본인 수준에 맞춰야 한다고 생각했다. 그렇지 못하면 모든 직원을 모아놓고 '이 정도도 못 하느냐'는 둥 과격한 말들을 거침없이 쏟아내며 부정적인 피드백을 하는 것이었다.

그리고 일부는 영업 부서와 관리 부서가 따로 가야 한다는 상사와 직원들이 존재했는데, 이들 부류는 서로에게 좋지 못한 루머를 퍼트리면서 조직 내의 암 덩어리처럼 기능했다. 이처럼 좋지 못한 루머를 쏟아내고 이야기를 퍼트리는 상사와 일하는 것은 대단히 고역이고 스트레스였다. 회사 안에서는 '그래도 상사는 상사'라는 이야기가 있다. 이 말인즉슨, 상사는 마음에 들지 않아도 자기 마음대로 바꿀 수가 없으니 '절이 싫으면 중이 떠나야 한다'는 말이다.

물론 나도 상부에 건의를 해보기도 했다. 본사 본부에 "이분과 일하기가 너무 힘들다. 발령을 좀 내달라"라고 건의했더니 돌아오는 답변이 가관이었다. "너 아니면 누가 그와 맞추겠나. 그러니 네가 희생을 좀 해라" 하는 것이었다. 조직은 언제나 구성원들에게 희생을 요구한다. 퇴사하거나 아니면 적응하거나. 선택지는 언제나 그랬듯 둘 중 하나였다.

'피할 수 없으면 즐겨라.' 앞에서도 언급했지만 개인적으로 깊게 공감하며 새겨두고 있는 말이다. 실생활에서 실천하기 위해 노력하기도 한다. 정말 힘들었던 상사와 함께 있을 때도 이 문장을 아로새기면서 정말 별의별 것들을 다 했다. 그런데 정말 맞지 않는 건 어쩔 수가 없다. 이런 노력 저런 노력도 통하지 않았다. 그러다 보니 스트레스가 극에 달했다.

천주교 신자로서 내가 할 수 있는 것이라고는 매일 성당에 가서 신께 기도를 드리는 것뿐이었다. 신이 우리에게 주는 가장 큰 메시지가 있다면 이 말일 것이다. '어떠한 상황에서든 원수를 사랑하라.' 그 순간 신의 계시가 퍼뜩 내 뇌리를 스쳤다. 나에게 장점 하나가 있다면 생각이 나면 지체 없이 행동으로 옮기는 능력이다.

　목표 실현 전문가이자 비즈니스 리더들의 멘탈 코치인 오히라 노부타카는 『게으른 뇌에 행동 스위치를 켜라』에서 우리 뇌는 되도록 변화를 피하고 싫어하는 게으른 '귀차니스트'라고 말한다. 그뿐만이 아니라 행동하지 않는 것을 정당화하기까지 한다. 하지만 우리의 뇌는 원래 그렇게 설계가 되어 있기 때문에 자책할 필요는 전혀 없다. 자책 대신 방법을 배우고 적용하고 바꾸면 된다. 이 책에서는 행동하기 귀찮을 때 숫자 '5, 4, 3, 2, 1'을 세고 바로 행동에 나서라고 조언하는데, 나는 이 방법을 통해 행동력을 키웠다.

　나는 상사가 가진 장점이 뭐가 있는지 골몰히 생각했다. 그러다가 그에게 목적을 정하면 어떻게든 반드시 해내는 능력이 있다는 것을 깨달았다. 어떻게 하면 그와 함께 행복한 직장 생활을 해 나갈 수 있을지 고민 또 고민했다. 그 결과 이제 나 스스로 새로운 적응의 조건을 만들어야 한다는 것을 직감했다.

위기의 사전적 풀이는 '어떤 일이 급작스럽게 악화된 상황, 또는 위험한 고비'이다. 대부분이 그렇겠지만 나 또한 '위기'라는 말을 그다지 좋아하지 않는다. 사람이 사는 순간순간이 어떻게 보면 다 위기라고 말하기도 한다. 그런데 그런 모든 상황마다 모두 위기라고 한다면 우리네 인생은 우울하기 짝이 없을 것이다. 그래서 한번은 이런 생각을 해보았다.

'우리가 위기라고 생각해왔던 것이 사실은 기회이지 않을까?'

김상운이 쓴 책 『왓칭』의 부제는 '신이 부리는 요술'이다. 상황을 객관적으로 바라보는 것으로부터 요술이 시작된다는 뜻인데, 내가 얼마나 상황을 객관적으로 바라보느냐에 따라 '위기'는 '기회'로 바뀔 수 있다고 저자는 주장한다. 단순 주장에 그치는 것이 아니라 논문과 과학적 근거를 제시하고 있다.

저자는 인생을 사는 방법에는 두 가지가 있다고 말한다. 하나는 '아무 기적이 없는 것처럼 사는 것', 그리고 다른 하나는 '모든 게 기적인 것처럼 사는 것'. 상황을 바라보는 시선과 시각을 바꿈으로써 매일 매일이 지옥 같은 날이, 반대로 기적 같은 날이 될 수도 있다. 나는 『왓칭』을 통해 관점의 변화가 주는 힘을 배웠다.

내게 닥쳤던 수많은 위기를 기회로 만들어냈다. 지옥 같은 날들을 기적 같은 날들로 바꿀 수 있다는 사실을 노력을 통해 입증하기도 했다. 나를 지지해주고 응원해주는 주변의 많은 분들 덕분에 더욱 힘을 냈다.

'위기(危機)'라는 단어와 '기회(機會)'라는 단어에 공통으로 포함된 '기'의 한자의 뜻은 '틀'이다. 여기서 말하는 틀은 기틀, 즉 어떤 일의 가장 중요한 계기나 조건, 또는 일을 하는 데 가장 중요한 사항이나 계기를 뜻한다. 다시 말해 '위기'와 '기회'라는 두 단어는 어떤 일의 가장 중요한 계기라는 '기'를 공통분모로 삼는다.

그렇다면 두 단어의 차이를 가르는 건 결국 음절 하나 때문이다. 위기에서 '위'라는 한자는 '위태하다'는 뜻을 가지고 있다. 그리고 위태는 두려워하고 불안해하는 마음을 뜻한다. 기회에서 '회'는 '모이다'라는 뜻이 있다. 이것이 '기'와 결합하면 어떤 일의 가장 중요한 계기나 조건값들을 모은다는 뜻이 된다. 어떤 가. 음절 하나로도 단어가 뜻하는 의미는 상이하게 달라진다. 이를 보면 결국 마음가짐이 세상만사의 거의 모든 것임을 깨닫 게 된다.

'상위 1% 꽃지점장'
조소영의 리더 수업

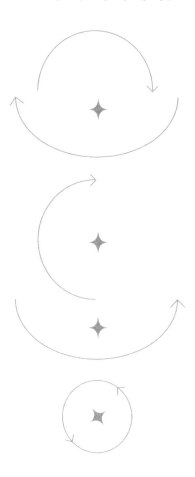

나는 지점을
대표하는 얼굴

나는 언제나 지점에 출근하면서 마음가짐을 바로 하고 밝은 얼굴과 낭랑한 목소리로 직원들을 대하려고 한다. 매일 새벽 눈을 뜨고부터 출근하기 전까지 '나는 지점을 대표하는 얼굴이다'라고 수십 번을 되뇌며 출근길에 오른다. 그러면 나를 대하는 직원들도 표정들이 달라진다.

옛말에 '웃는 얼굴에 침 못 뱉는다'라는 말도 있지 않은가. 리더의 표정과 마음가짐, 몸가짐에 따라 지점 전체의 역량이 달라짐을 나는 그간의 수많은 경험들을 통해 체득했다. 이러한 지론은 내가 조직 생활을 영위하는 한 앞으로도 지속적으로 지켜 나갈 것이다.

앞에서 얘기했던 그 마주하기 싫은 상사와 함께하는 것에 나는 스트레스를 넘어 진절머리와 개인 커리어에 대해 심각하게 고뇌하는 상황에까지 이르렀다. 오죽했으면 매일 성당에 가서 간절히 기도를 올렸겠는가. 그런데 종교의 힘으로도 안 되는 것이 있음을 그때 절실히 느꼈다. 그래서 나는 다른 방편으로 힘들어도 어떻게든 스스로 해야 하는 조건 값을 만들기로 결심했다. 그건 어쩌면 집착이었다.

그랜트 카돈 작가는 『집착의 법칙』이라는 책에서 '집착 또한 재능'이라면서 '피할 수 없으면 미친 듯이 직면해야 압도적 성과를 거둘 수 있다'고 강조한다. 나는 머리와 마음을 비우고 카돈의 철칙을 기계처럼 따르기로 굳게 마음먹었다. 카돈은 '마약 중독자'라는 오명에서 벗어나 8000억 원 자산가로 거듭난 입지전적인 인물이다. '내가 탁월한 일을 하고 그런 인물이 된다면, 탁월한 일을 하고 싶어하는 사람들이 나를 찾아와 함께 일하자고 할 것'이라고 카돈은 강조한다.

내가 스스로에게 투자하기가 주저되면, 어떤 누구도 나에게 투자할 것이라고 기대해서는 안 된다. 무지개를 얻을 수 있는데 한 가지 색깔에 만족해서야 되겠는가. 우리에게는 '한계'가 없다. 다만 '한 게' 없을 뿐이다. 『집착의 법칙』의 마지막 장을 덮고 나는 다음과 같은 결심을 했다.

'그래, 이 시련도 곧 지나가리라. 이 같은 힘든 상황을 수업료라고 생각하고 저 사람의 무기를 어떻게든 빼앗아 오고 흡수하자.'

어린아이에게도
배울 점은 있다

싫어하는 마음은 누구에게든 티가 나게 마련이다. 그런 표정을 짓고서 뭐를 가르쳐달라고 하면 거절당할 것이 빤했다. 그래서 그냥 나는 뭐라도 배워보자는 마인드로 해당 상사의 모든 것을 받아들이기로 마음 먹었다. 심지어는 내가 저 자리에 올라갔을 때 한번 해봐야지 하는 마인드로 때로는 시뮬레이션까지도 돌려 보았다.

어려운 문제에 직면했는데 해결의 방향을 잡지 못할 때마다 나는 『데일 카네기의 인간관계론』을 서가에서 꺼내 들고는 한다. 1936년 처음 출간된 이 책은 지금까지 최초이자 최고의 자기계발서로 불린다. 전 세계인들로부터 사랑받는 스테디셀러이자, 내 인생의 필독서이기도 하다. 데일 카네기는 『데일 카네기의 인간관계론』에서 '다른 사람에게 대접받고자 하는 대로 다른 사람을 대접하라'는 격언을 남겼다. 모든 사람은 나보다 나은 점을 갖고 있으므로 모든 사람에게서 배울 수 있다는 것이다. 심지어 어린아이에게서조차도.

데일 카네기는 이렇게 이야기한다. "할 수 있다면 다른 사람보다 현명한 사람이 되어라. 그러나 내가 더 현명하다고 말하지는 마라." "논쟁에서 이기는 방법은 논쟁을 피하는 것뿐이다." "하느님도 사람이 죽기 전까지는 심판하지 않는다. 하느님도 살아 있는 자를 심판하지 않는데 우리야 말해 무엇하겠는가." "적을 만들려면 친구에게 이겨라. 벗을 만들려면 친구가 이기게 하라." 이러한 수많은 격구를 통해 데일 카네기는 사람이 사람을 서로 사랑하고 행복하게 살아갈 수 있도록 안내한다.

스스로를 '변화경영 전문가'라고 부르는 구본형은 『미치지 못해 미칠 것 같은 젊음』이라는 책을 통해 어떤 것을 하든 사랑으로 해야 잘된다고 이야기한다. 아침에 기상해 하고 싶은 일을 하는 사람이 된다면 천둥처럼 나 자신에게 놀라워하게 된다며, 그렇기 때문에 인생은 꿈으로 지어진 한 편의 시와 같고, 그러한 생각을 품고 대낮에조차 꿈을 꾸는 사람은 시처럼 살게 된다고 말한다.

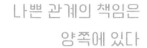

나쁜 관계의 책임은
양쪽에 있다

한 사람이 느끼는 감정은 다른 사람에게 옮아간다. 그 중에서 불행이라는 녀석은 전염성이 유독 강하다. 나쁜 리더로 인해 내가 불행해지면 그 불행의 감정과 분위기는 아래로 아래로 바이러스처럼 번진다. 그리고 어느 순간 동료 직원들 모두의 표정에 불행이 자리 잡게 된다. 이제 와 돌이켜 보면 대단히 오만한 발상이기도 했지만, 그런 상황에서 나는 이런 생각을 했다. '나쁜 리더를 대신해 저 자리에 차라리 내가 올라가자'라는 도발적이고 발칙한 상상이었다.

변화경영 전문가 구본형의 책 『구본형의 더 보스』에 따르면, 세상에 나쁜 상사는 절대 사라지지 않는다. 그리고 나쁜 관계의 책임은 양쪽 모두에게 존재한다. 이러한 까닭에 상사가 바람직한 리더가 아니라는 이유로 최선을 다하지 않는다는 것은 비겁한 처사다. 구본형은 책을 통해 상대를 끌어당기는 매력을 지닌 사람이 되자고 말한다. 어디에서나 가장 중요한 리더는 바로 자신이기 때문이다.

심지어 나쁜 상사와 한 배에 타게 되더라도 스스로 어떤 마인드를 가지고 어떻게 행동하느냐에 따라서 생활은 천양지차로 달라진다. 부담 없이 수월하게 즐기게 될 수도 있으며, 최악의 커리어를 억지로 만들어갈 수도 있다. 그렇기 때문에 '무조건 열심히'가 아닌, 자신만의 노하우를 통해 스마트하고 현명하고 똑 부러지게 상사와 동행해야 한다고 세상의 모든 직원들에게 이야기해주고 싶다.

내가 인간관계에서 추구하는 지향점은 바로 '심플한 관계'이다. 이러한 생각을 갖게 된 계기는 한근태 교수가 쓴『나는 심플한 관계가 좋다』라는 책을 읽고 나서부터다. 이 책에서 저자는 "내가 만나는 사람이 나를 만든다"라고 주장한다. 나를 지금보다 더욱 좋은 사람으로 바뀌어 나갈 수 있도록 이끌어주는 관계야말로 최고의 관계라는 것이다.

우리는 사랑을 받은 기억의 힘으로 이 험난한 세상을 살아간다. 그래서 있는 그대로의 나를 사랑해주는 사람에게 마음이 가기 마련이다. 인간은 관계로부터 사랑받고 보호받아야 하는 존재이다. 그래서 인간관계를 '화초를 가꾸는 일'에 비유하지 않는가. 아무리 좋았던 관계도 돌보지 않으면 황폐해진다. 그리고 별것 아닌 관계도 제대로 잘 가꾸고 보살피면, 그 관계는 화사하게 꽃봉오리를 틔우게 된다.

한근태 교수의 『나는 심플한 관계가 좋다』라는 책을 읽고 나는 베푸는 사람이 되자고 마음먹었다. 베풂이란 비단 물질적인 것뿐만이 아니다. 상대방을 칭찬하고, 웃음을 주고, 성장의 기회를 제공하는 것 역시도 베풂에 진배없다. 나는 기아자동차라는 조직에서 베풂의 미학을 실천하려고 한다.

아무튼 나는 상사의 모든 것을 받아들이고 따르기로 했다. 신기하게도 그런 마인드를 가지고 실제 행동으로 옮기자 신통방통한 일이 벌어졌다. 그간 '나쁘다', '못됐다'라고만 생각했던 상사가 내 말에 귀를 열고 경청해주면서 하나둘씩 포용하기 시작하는 것이 아닌가. 상사가 그렇게 나오니 나 역시도 미웠던 감정이 누그러졌다. 그리고 종국에 우리는 원 팀이 되었다.

반세기 넘는 장구한 세월 동안 자기계발서의 고전으로 수많은 사람들에게 읽혀온 『성공의 법칙』에서, 저자 맥스웰 몰츠는 '인간은 일어난 사건에 의해서가 아니라 그 사건에 대한 자신의 생각 때문에 고통을 느낀다'라고 했다. 성형외과 의사였던 맥스웰 몰츠는 수많은 환자를 대해오면서 많은 사람들이 잘못된 잠재의식 때문에 스스로를 부정확하게 바라본다는 사실을 깨달았다. 그래서 외모가 아닌 '마음의 성형 수술'이 더 중요하다고 생각하고는 '사이코 사이버네틱스(Psycho-Cybernetics)'라는 이론을 창안했다고 한다.

맥스웰 몰츠의 주장은 마치 '끌어당김의 법칙'과도 비슷하다. '질병(disease)'이란 단어는 곧 '행복하지 않은 상태(dis-ease)'를 의미하며, 성공과 행복은 '마음 먹는 습관'으로써 곧 마음먹기에 달렸다는 것을 다시 한번 되새기게 되었다.

연차가 쌓이고 더 상급 리더로 올라간 지금은 그 상사의 많은 걸 이해하게 되었다. 물론 전적으로 다 이해하지는 못하지만, 그래도 당시 그가 했던 어떤 선택과 결정에 대해서는 어느 정도 존중을 표한다.

업무 상황에서는 천사만 존재할 수는 없다. 아니 그래서는 안 된다. 어느 정도 악역을 하는 사람도 필요하다. 그것이 쓴소리가 되었든 지적질이 되었든 말이다. 당시에는 어딘가 모르게 '착한 아이 콤플렉스'가 내재되어 있었는지 상사의 행동을 나쁘게만 봤지만, 연차가 차곡차곡 쌓이다 보니 그게 꼭 나쁜 것만은 아니었다.

'필요악(必要惡)'이라는 말이 있다. 에라스뮈스가 그의 『격언집』에서 필요악을 뜻하는 '네케사리움 말룸(necessarium malum)'이라는 라틴어 표현을 처음 사용했다. 필요악은 원칙적으로 실제적으로는 해를 끼치는 존재임에도 불구하고 원하는 결과를 얻기 위해 사용하는 것이나 사람을 말한다. '차악'이라는 말도 있다. 좋은 것 없이 나쁜 것만 존재하며, 가장 나쁜 것을 선택하지 않기 위해 덜 나쁜 것을 선택하는 상황이다. 필요악은 보통 다른 방법이 없을 때 하는 수 없이 사용할 수밖에 없는 현실을 개탄할 때 쓴다.

해를 끼친다고 생각하면 정말 해가 되는 존재로 인식되는 게 필요악임을 당시의 사태를 통해 깨달았다. 그러나 조직은 항상 목표가 있다. 그리고 그 목표를 얻기 위해 필요악을 꺼내 들어야 할 때가 있다. 돌이켜 보면 나 역시도 누군가에게는 필요악이 아니었을까. 특히 문제시되었던 조직 여건에서 본사의 요구에 따라 내가 긴급 투입되는 상황이 적지 않았다.

그때마다 모두에게 내가 갈등 상황에 놓인 사람들을 사랑의 힘으로 화해시키기 위해 등장한 자애로운 성모 마리아로 보이지는 않았을 것이다. 무너진 관계를 회복하기 위해 사랑의 화살을 쏘며 등장한 큐피트는 더더욱 아니었을 것이다. 발령을 받고 내려온 내게 누군가는 불편함과 불쾌감을 느꼈을 수도 있다. 이런 생각을 하면 인간관계, 특히 조직 내 관계에 있어서 상당히 조심스러워지고, 별 탈 없는 조직 생활을 영위하는 것에 대해 매사에 감사함을 느낄 수밖에 없게 된다.

이기주의 산문집『마음의 주인』에 따르면, 세상에는 세상으로부터 자신을 지키기 위해 부단히 애쓰는 사람이 무수히도 많다. 그들의 내면을 들여다보면, 그들은 실패로 말미암아 괴로움을 느끼는 것이 아니라 그것을 인정하지 못하는 마음 때문에 괴로움을 느낀다. 저자는 「용기는 참기름 같은 것이 아닐까」라는 글에서 이렇게 말한다. "기다릴 수 없으면 위로할 수 없고, 위로할 수 없으면 사랑할 수도 없"다고. 모든 인간관계 그리고 사회생활에서는 인정과 기다림, 그리고 위로와 용기가 필요다.

나쁜 게 정말
나쁜 건 아니다

조직 생활, 아니 인생을 살면서 느끼는 게 있다. 세상에는 나쁜 사람이 정말 많다는 것이다. 그렇다면 '나'라는 존재는 어떨까. 하이케 팔러가 쓰고 발레리오 비달리가 그린 『100 인생 그림책』에 따르면, 자기 자신을 악당이라고 생각하는 사람들은 없다. 참 아이러니한 일이다.

내가 수십 년 동안 조직 생활을 해오며 느낀 바로는, 심성이 착하면 자기 조직원들을 지키지 못할 수도 있다. 나쁜 사람들을 만났을 때 그에 상응하는 나쁜 방식으로 대하면 조직원들을 어떻게든 지켜낼 수는 있다. 물론 상황에 따라 다를 수 있지만.

어찌 되었든 그러한 여러 좌충우돌과 시행착오를 통해 조직에서 업무하고 구성원들을 관리하며 살아남는 방식들을 배워 나갔다. 상대방이 정말 더티하게 나왔을 때 어떻게 해야 할지, 그리고 어떤 수단을 이용해서 대응해야 할지 등에 대해 깨우쳤다. 이러한 일들은 C지점에 속해 있을 때 주로 겪었다.

C지점에서의 성공을 토대로 인천의 더 큰 조직으로 옮겨 가서 그다지 바람직하지 못한 상사를 맞닥트렸을 때는 이미 나도 배운 것이 있었다. '저렇게 하면 안 되는데' 하는 것들을 선제적으로 파악할 수 있었던 것이다. 그 상사는 구성원들하고도 원만하게 어울리지 못했다. 가장 큰 원인 중 하나는 사람을 무시하는 태도였다.

그는 뛰어난 업무 능력으로 그만한 성과를 냈기 때문에 조직의 장으로 왔을 것이다. 그런 그의 눈으로 봤을 때 영업 직원들의 일하는 모습이 맘에 들지 않고 별 쓸모 없어 보일 수 있다. 이와 비슷한 상황은 대표적으로 스포츠 스타가 감독에 임명된 경우를 들 수 있다.

선수 시절 뛰어난 능력을 보였던 스포츠 스타가 감독이 되면 선수들의 퍼포먼스가 못마땅할 수밖에 없다. 현역 시절 워낙 특출나고 최고의 커리어를 구가했던 본인은 과거 득점이든 뭐든 잘만 해냈는데, 선수들은 그런 스타 플레이어는 아니니 자기 기준에는 미치지 못하는 것이다. 그러한 상황에서 선수에게 '야, 이렇게 하면 되는 걸, 이것도 안 돼?' 하면서 비아냥조로 말하는 경우가 많다. 그러면 선수들은 더욱 주눅이 들고 단점이 개선되지 않을뿐더러 오히려 퍼포먼스가 침체하는 '악순환의 굴레'에 빠지게 된다. 그런 팀, 그런 조직은 절대 나아질 수 없고 앞으로 아나갈 수 없다.

당시 상사는 작은 판촉 건이 나와도 직원에게 전달해주지 않았다. 그런데 또 능력은 출중해서 본인이 지점의 차를 수십 대나 팔아 치우고는 했다. 본인만의 별동대처럼 별도의 판매 조직을 가지고 있었다. 그 사람들을 컨트롤해서 늘 목표치를 상회하여 달성하고는 했다.

그런데 참 나빴던 것이 그 실적을 가지고 다른 영업부서 직원들에게 무기로 쓰면서 수치를 들이대는 것이었다. 그리고 자신의 말을 잘 듣는 구성원에게는 영업 건을 나눠 주고는 했다. 그런데 아무리 생각해도 그런 방식은 바람직해 보이지가 않았다. 아니, 지극히 비상식적이고 비정상적인 비열한 방식이었다. 그렇게 커 나간 조직은 종국에는 망가진다는 것을 그간의 경험을 통해 깨닫지 않았던가.

나는 그의 리더로서의 방식이 마음에 들지 않았다. 단시일 내에 조직이 망가질 게 눈에 빤히 보였다. 그렇다고 내가 할 수 있는 뾰족한 수가 있는 것도 아니었다. 그렇다면 내가 리더가 되는 것이 유일한 방법이었다.

나는 내 팀원들을 데리고 내 방식대로 건강하게 영업 일선에서 실적을 높여 나갔다. 이들을 데리고 어떻게 헤쳐 나가는지 보여주고 증명해내고 싶었다. 앞에서도 얘기했지만 내가 구성원들에게 해준 것은 솔직히 말해 별게 없다. 신뢰와 사랑을 주는 일이 전부였다. 그런데도 그들은 승리를 위해 모든 것을 바치는 병사처럼 영업 일선에서 뛰어주었다.

이어령 선생은 『이어령의 마지막 수업』이라는 인터뷰집에서 리더라면 '사잇꾼'이 되어야 한다고 말한다. "큰소리치고 이간질하는 '사기꾼'이 아니라, 여기저기 오가며 함께 뛰는 '사잇꾼'" 말이다. "이쪽과 저쪽의 사이를 좋게 하는 사람", "서로의 요구와 불만을 살살 풀어주는 다리 놓는 사람", 그런 사람이 인재고 리더라고 말한다.

이뿐만 아니라 이어령 선생은 한국인은 대립되는 것을 하나로 종합하고 융합하려는 흐름으로 생활해왔다며 이것을 '보자기 문화'라고 했다. 어엿한 리더가 된 지금 비로소 이어령 선생의 말씀이 가슴에 소복이 와 닿는다. 선생 덕분에 화합을 중요시하는 우리 문화를 더욱 사랑하게 되었다. 내 것인 줄 알았으나, 받은 모든 것이 선물이었음을 다시 한번 느낀다.

아르헨티나를 우승으로 이끈
메시의 '형님 리더십'

스포츠에서 감독의 역량은 선수가 얼마만큼 리더를 믿고 따르는가에 달려 있다고 한다. 감독과 선수가 하나의 목표로 똘똘 뭉친 팀은 쉽게 당해낼 재간이 없다. 생각해봐라. 자신의 모든 것을 내걸고 리더와 함께 한마음 한뜻으로 뛰는 팀을 어떻게 이겨낼 수가 있겠는가.

세계 축구 역사상 가장 뛰어난 선수 중 하나인 리오넬 메시는 또 다른 전설인 펠레, 그리고 자국 축구 레전드인 디에고 마라도나와 끊임없이 비교되었다. 오히려 두 선배 축구 선수에 비해 평가절하받기도 했는데, 그 이유 중 하나가 바로 2022년 이전까지 FIFA(국제축구연맹) 월드컵 트로피를 들어보지 못한 것이었다.

그런 메시가 2022년 FIFA 카타르 월드컵에서 우승 트로피를 들어 올리며 오랜 숙원을 이뤄냈다. 카타르 월드컵 우승으로 '역대 최고 축구 선수는 누구인가'라는 수십 년 동안 이어진 논란에도 종지부를 찍었다.

메시가 우승을 이룬 과정은 앞에서 얘기한 것과 맥락이 닿는다. 서른 중반을 훌쩍 넘긴 메시는 이미 하향 곡선을 그리고 있는 선수였다. 메시보다 후배인 해리 케인이나 킬리안 음바페의 컨디션이 훨씬 좋았다. 그럼에도 불구하고 메시의 아르헨티나가 대망의 월드컵 우승 트로피를 거머쥘 수 있었던 이유는 바로 메시의 후배들이 메시를 위해 온몸을 다해 뛰었기 때문이다.

당시 아르헨티나 국가대표팀은 킬리앙 음바페, 앙투안 그리에즈만, 올리비에르 지루 등 특급 스타 플레이어들이 신구 조화를 이룬 프랑스 국가대표팀과 비교해 객관적 전력이 앞선다고 확언하기는 힘든 상황이었다. 잉글랜드와 브라질 등도 아르헨티나와 전력이 엇비슷하거나 낫다고 보는 전문가들이 많았다.

그럼에도 불구하고 아르헨티나는 우승까지 내달릴 수 있었다. 이는 객관적인 전력의 열세를 선수들이 두 리더 '리오넬(리오넬 스칼로니 감독과 리오넬 메시)'을 위해 온 힘을 다해 뛰면서 극복했기 때문이다.

대회의 최우수 선수에게 주어지는 골든볼은 메시가 수상했지만, 에밀리아노 마르티네스 골키퍼가 무수한 선방으로 상대의 슈팅을 봉쇄했으며, 엔소 페르난데스는 신인상을 받았다. 그렇게 하나로 똘똘 뭉친 결과 아르헨티나는 통산 세 번째 월드컵 우승을 이룩할 수 있었고, 메시는 서른 중반의 나이에 꿈에 그리던 월드컵 우승 트로피를 품에 안을 수 있었던 것이다.

일 잘하는 사람에게
더 많은 부탁이 오는 이유

직장에서 리더가 성공을 거두는 것도 아르헨티나의 카타르 월드컵 우승 사례와 비슷한 이치라고 생각한다. 세대가 바뀌어도, 그리고 세상이 변해도 변치 않는 가치가 있다. 그것은 바로 건강한 리더십과 팔로어십이다. 편법과 꼼수와 불법으로 점철된 조직 운영은 오래 가지 못하고 망가지는 경우를 많이 봐왔다. 그래서 내가 내린 결론은 '조직에 대한, 그리고 구성원들에 대한 진심 어린 애정과 진정성을 바탕으로 조직을 운영해야 조직이 건강해진다'는 것이다.

다만 훌륭하고 좋은 리더와 팔로어를 논하기 전에, 나를 나쁘게 대하는 상대를 나쁜 감정으로 바라보아서는 하등의 도움이 되지 않는다. 이러한 진리를 깨우치게 된 계기는 구본형의

『사람에게서 구하라』라는 책을 통해서였다. 오래전에 발간된 책이지만 인류 역사의 보고인 사마천의 『사기』와 현대 경영학의 거물들을 자연스럽게 매칭해 상당한 깊이를 느낄 수 있다. 그러면서도 어렵지 않고 쉽게 읽히는 매력적인 책이다.

이 책에서 구본형은 무려 2500년 전 춘추전국시대의 인간 군상이 현재에도 크게 다르지 않음을 독자들에게 일깨워준다. 선현들의 지혜와 혜안에 무릎을 '탁' 치며 읽는 내내 감탄했다. 이 책을 통해 나는 과연 리더 또는 팔로어로서 어떤 그릇이며, 나에게 주어진 역할과 배역은 무엇일까 곱씹어보게 되었다. 모든 것은 사람으로부터 시작해 사람으로 끝난다는 단순하고도 복잡한 진리를. 때로는 내가 기분이 좋지 않았을 때 팀원들에게 눈에서 레이저를 쏘지는 않았는지 반성해보게 되었다.

어찌 되었든 결국 그 상사는 채 6개월도 채우지 못하고 지점에서 나갔다. 그리고 그동안 나는 더 상급의 리더가 되기 위한 예행 연습을 해나갈 수 있었다. 그의 아웃으로 지점장 자리가 공석이 되었으니 자연스레 지점장 대행 역할을 하며 참된 리더로 성장할 수 있는 예행 연습을 해나갈 수 있었다. 심지어는 이 과정에서 나를 지켜본 본사에서는 지점장로서의 조소영의 가능성과 포텐셜을 조금은 인정해주지 않았나 싶다.

임경신 작가의 산문집 『태도에 관하여』에서는 일 잘하는 사람에게 왜 더 많은 부탁과 일감이 주어지는지에 대해 잘 설명하고 있다. 그리고 "부탁이 부탁다우려면 몇 가지 요건을 갖추어야 한다"고 말한다. 그 중 하나는 "부탁한 데에 대한 그 이상의 대가를 치를 각오와 부담감"을 가지는 태도이다. 돌이켜 보면 나는 사원일 때도 많은 부탁을 받았었다. 그런데 상급자가 되고 나서는 하급자에게 부탁을 하면서 '부탁 이상의 대가'를 치러낼 각오와 부담감을 느끼지 못했던 나 자신을 돌아보게 된다.

사내에서 적을 만들지 않는
현명한 방법

지점장 후보로 나를 포함한 여러 이름이 거론되었다. 여성으로는 내가 유일했다. 직원들 사이에서는 차기 지점장이 누가 될까가 초미의 관심사였다.

지금은 몰라도, 나는 원래 사람들과 그다지 많이 어울리는 성향은 아니었다. 그래서 다른 사람들 입에서 나오는 말에 별로 신경 쓰지 않을 수 있었다. 어떤 사람이든 시기심이나 질투심은 기본 바탕으로 가질 수 있다고 생각해왔다. 그리고 나 역시도 다른 누군가에게는 시기와 질투의 대상일 수도 있다고 여겨왔다.

그렇다고 천하태평하게 그런 생각들을 흘려보낼 수는 없었다. 어떤 조직이든 조직에서는 개인의 역량을 입증해내야 하니까. 그리고 내 위치가 되면 그때부터는 개인 역량보다는 조직을 이끄는 역량을 내는 게 더 중요해진다. 그런 직감은 조직 생활의 연차가 쌓여갈수록 누구에게나 본능적으로 다가오게 된다. 더군다나 나는 남초 업계의 여성 리더였기에 나를 끌어내리고 대신 올라가려는 주변의 견제가 더더욱 극심했다. 그렇기 때문에 일부러 더 악착같이 잘 해내야겠다는 생각이 강하게 들었다.

내가 다른 사람보다 유리했던 점이 있다면, 업무적으로는 크게 스트레스를 받지 않는 성향이었다는 점이다. 상사들이 내리는 지시나 후배들과 함께 '다인다각(多人多脚)'을 하며 팀워크를 만들어내는 일도 이상하리만치 버겁게 다가오지 않았다. 팀원 시절에도 팀장에 준하는 역을 해냈던 나였다.

그동안 함께했던 상사분들이 내 그런 점들을 다행히도 좋게 봐주었다. 그런데 사람이 모이는 곳에서는 어디서든 비교를 하게 마련이다. 나와 함께 근무했던 상사들이 다른 지점에 발령을 가면 새로 함께하는 팀장을 전임자였던 나를 예시로 들며 꼭 비교를 했다고 한다. 예를 들어 이런 거다. "이전 지점에서 조소영이는 이렇게 했는데" 하는 식이었다.

그런데 그런 말이 내부에서 돌게 되면 상사로부터 그 말을 듣는 사람은 필연적으로 나를 좋아할 수가 없게 된다. 더 최악의 경우에는 적이 될 수도 있는 것이다. 나는 오히려 그런 상황이 신경 쓰였다. 의도하지 않게 좋지 못한 상황을 만드는 꼴이 되어버렸으니 당연했다.

원래부터 나는 적을 만드는 것을 싫어하는 성격이었지만, 그러한 일련의 사태를 겪고 나서부터는 더욱 조심해야겠다는 마음이 강해졌다. 사회가 정글과 같다면, 회사 안은 갖가지 풍문이 떠돌아 비수가 되어 서로를 겨누는 전쟁터나 다름이 없었다. 내가 아무리 업무를 잘하더라도 의도치 않게 피해를 보게 되는 상황도 생기는 것이 바로 회사였다.

나는 회사 생활을 하는 사람이라면 누구에게나 이 점을 강조하고 싶다. 언제 어디서든 매사에 언행을 조심하라고. 그리고 절대로 남의 험담, 특히나 상사의 험담을 하지 말라고. 말은 어떻게든 돌게 마련이고, 돌고 돌아 결국 당사자의 귀에 들어갈 가능성이 높다.

이 같은 사실은 나는 다년간의 회사 생활을 통해 뼈저리게 느꼈다. 사회생활을 하면서 말 한마디로 말미암아 그 사람의 인사고과까지 좌지우지되는 경우도 적지 않게 보아왔다. '말 한마디에 천 냥 빚을 갚는다', '침묵은 금이다', '가만히 있으면 중간이라도 간다'는 옛 어른들의 지혜가 그냥 나온 것이 아니니 이 글을 읽는 모든 직장인들이여, 말은 아낄수록 이로운 것임을 명심, 또 명심하자!

'내 것'을 나눴더니,
'내 편'이 생기더라

'기버-테이커-매처 이론'이라는 것을 아는가. 애덤 그랜트 가 쓴 『기브 앤 테이크』라는 책에 나오는 이론으로, 핵심 내용 은 결국 다른 사람에게 무언가를 '주는' 사람이 되어야 성공에 이르게 된다는 것이다.

책에 따르면 인간은 크게 세 가지 부류가 있다. 주는 사람 (Giver), 받는 사람(Taker), 그리고 받는 만큼만 주는 사람(Matcher). 애덤 그랜트는 성공 그룹과 실패 그룹을 구분하고 각각 어떠한 성향인지를 조사했는데, 실패한 그룹은 대체적으로 '기버'였다. 그런데 더욱 놀라운 사실은 성공한 그룹 역시도 '기버'였다는 점이다. 이러한 이론을 한 줄로 요약하자면, '베푸는 행위는 위 험을 동반하지만, 장기적으로는 이득을 가져온다'라는 점이다.

내가 이러한 이론들을 알고 계산해서 실행에 옮긴 것은 아니지만 비슷한 사례가 있었다. 어느 회사든 마찬가지겠지만, 기아는 차장 G4로 승진하려면 영어 면접을 통과해야 한다. 그런데 누구나 그렇듯 영어는 영미권 국가로 어학 연수나 유학, 하물며 워킹 홀리데이 같은 활동을 통해 현지에서 부딪히면서 배우지 않는 이상 마스터하기가 쉽지 않다.

앞서 말했듯이 기아자동차는 직원들 중에 가장 높은 직급인 차장으로 승진해서 직장 생활을 영위하려면 영어 면접을 통과해야 한다. 어떻게 보면 마지막 승진 과정 중의 기본 베이스라고 할 수 있는 것이다. 이것을 통과하느냐 못 하느냐에 따라 진급 대상자가 갈리며, 아예 등급이 되지 않는 경우도 더러 있다.

어찌 되었든 나 역시도 승진을 위해서는 영어 공부를 피할 수 없었다. 영어라고는 평생 제대로 해본 적도 없는 나로서는 다른 선후배들보다 더 큰 어려움을 겪어야 했다. 이때 조직 내에서 최후의 1퍼센트에 들기가 이토록이나 어렵구나는 것을 또 한 번 깨달았다. 이런 유의 공부가 아닌, 오히려 사람을 만나거나 몸으로 부딪치는 것은 오히려 자신이 있었다. 그런데 영어는 소위 말해 '젬병'이나 다름없었다.

나는 3개월 정도를 고통 속에서 영어 공부에 매진했다. 사실 매진이라고 해봤자 직장 생활과 자녀 양육을 병행하면서 얼마나 할 수 있었겠는가. 애당초 영어와는 거리가 먼 인생을 살아왔지만서도 주어진 여건 속에서 최선을 다해 영어를 붙잡고 있어야 했다. 그래도 여성 특유의 꼼꼼함과 엉덩이력(?)을 살려 퇴근한 뒤 도서관 의자 위에서 몇 시간씩 영어 공부에 임했다.

이때 만든 것이 바로 일종의 시험 '족보'였다. 시험을 통과하기 위해 선배들에게 과거 문제 유형을 물어보는 한편, 거기에 내가 예상하는 문제들을 보태면서 만들다 보니 한 권의 시험 족보 같은 게 탄생했다. 하늘은 스스로 돕는 자를 구한다고 했던가. 그렇게 족보까지 만들면서 준비해 임한 영어 시험을 운 좋게도 한 번에 통과했다. 그런데 시험을 통과한 기쁨과 희열보다는 '이렇게 통과해도 되나' 싶을 정도로 허무함을 느꼈던 것 같다.

사실 엄밀히 따지면 그렇게 쉽게 통과한 것만은 아니었다. 사전에 전략을 촘촘히 구축하고 대비한 결실에 가까웠다. 나는 누구보다 빠르게 승진 사다리를 오르고 싶었고, 그런 마음에서 서점에서 집어 들었던 책이 바로 스콧 영의『울트라 러닝』이었다. 이 책에는 짧은 시간 안에 완벽하게 지식을 얻는 학습법이 담겨 있다. 그 방법론을 시험 준비에 적용한 덕분에 전략적인 목표와 계획을 세워 나갈 수 있었고, 남다른 집중력과 몰입으로 시험을 통과할 수 있었다.

단번에 시험을 통과해버린 까닭에 힘들게 만든 족보는 쓸모없게 되었다. 어찌 되었든 누군가에게는 필요한 자료일 수도 있겠다는 생각에 시험 대상자들에게 나눠 주었더니 웬걸, 족보를 받은 동료들이 너무나도 도움이 된다며 좋아하는 것이 아닌가. 그 당시에는 내가 속한 지역의 동료들에게만 나눠 주었는데, 어떻게 소문이 났는지 다른 지역에서도 족보를 받을 수 있겠느냐고 찾아왔다. 나는 애초에 누구한테 주고 말고 할 생각도 아니었고, 내 족보가 동료들에게 도움이 된다면 그것만큼 보람차고 뿌듯한 일도 없을 거라는 생각에 아낌없이 나누어 주었다.

'기버-테이커-매처 이론'처럼 남에게 무조건 베푼다고 성공하는 것은 아니다. 그런 것이라면 어쩌면 성공은 누군가에게는 너무나 쉬운 일일 수도 있을 것이다. 지극히 계산적일 수 있지만, 베푼다는 것은 '잘 투자해야 한다'라는 의미에 더욱 가깝지 않나 싶다. 물론 내가 족보를 나눈 것은 대가를 염두에 두고 했던 행동도 아니었고, 애덤 그랜트가 주장한 성공 이론도 알지 못했던 때의 일이다.

나는 『기브 앤 테이크』를 읽으면서 그간 성공한 사람들의 주된 행동 양식을 되짚어보았다. 성공한 사람들은 그들이 취할 가치가 있다고 판단하는 것에 아낌없이 투자를 했다는 걸 알 수 있었다. 결국 성공한 사람들은 기버라고 볼 수 있는 것이다.

주위를 둘러보면 돈 잘 쓰는 사람 몇몇은 꼭 있게 마련이다. 그렇지만 그들을 자세히 관찰하면 돈을 마구 많이 쓰지 않는다. 그것은 적절한 시기에 적정 비용과 시간을 투자해 상대방에게 제공하는 행위에 가깝다. 그러면 상대방은 이를 고맙게 여기고 내면의 깊숙한 곳에서 '언젠가는 꼭 갚아야지' 하는 메시지를 은연중에 받게 된다.

기버의 행동이 앞에서 언급한 '투자'라는 키워드와 잘 어울리는 이유는, 바로 기버의 거의 모든 행동이 기버 자신에게 오롯이 돌아온다는 보장이 없기 때문이다. 결국 사람도 투자이다. 다만 호구 잡히듯 모든 주위 사람들에게 퍼주기만 해서는 안 된다. '달걀은 한 바구니에 담으면 깨진다'라는 투자계의 격언이 있다. 소위 말하는 '분산 투자' 기법이다.

세상을 다 살아본 것은 아니지만, 사람과의 인간관계도 마찬가지인 듯하다. 내게 도움이 되는 긍정적인 사람들을 찾고 그들에게 아낌없이 투자하자. 그러면 그들 역시도 언젠가 내가 필요로 할 때 큰 도움으로 다가올 것이다.

그동안 오랜 영업을 통해 많은 것을 느꼈다. 인맥의 소중함과 사람 투자의 필요성을 말이다. 물론 세상만사가 무조건 인맥으로만 해결되지는 않는다. 그렇지만 적어도 모두에게 공정하게 주어지지 않는 '기회'라는 혜택은 '인맥'을 통해 주어질 수 있다. 어쩌면 이는 혜택이라기보다는 내가 기버로서 행한 투자의 결실이라고 보는 편이 더 바람직하다. 그리고 그 기회를 내 것으로 만드는 역량은 나 스스로에게 달려 있다. '기회'를 만들고, 그 '기회'를 '결실'로 만들면 이내 '성공'이 뒤따를 것이다. 내가 그랬듯이 말이다.

'전국 1등'이라는
기적을 만들어내다

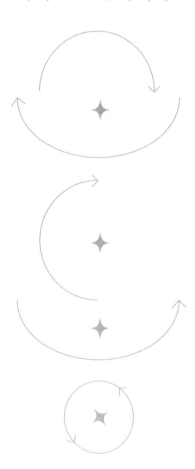

leadership

팀장과 지점장은
하늘과 땅 차이

평소에 후배들에게 늘 조언을 아끼지 않았다. '이렇게 했을 때 이런 성과가 나왔다'고 하는 방법론에 대한 것이었다. 돌이켜 보면 그 모든 행동들이 내 딴에는 적을 줄이거나 없애 나가는 나름의 방법이었던 것 같다. 내가 가진 것들을 움켜쥐지 않고 조금씩 나누기 시작한 뒤로 내 주위에는 적들 대신 내 편들이 많아지고 있음을 느끼게 되었다.

옛말에 '곳간에서 인심이 난다'고 하지 않는가. 더군다나 요즘 같은 치열한 경쟁 시대에 누군가에게 아낌없이 무언가를 나눠 줄 수 있는 사람이라면 아무래도 미움을 덜 받게 된다. 그동안 내가 동료들에게 베풀었던 행동들도 다 그런 식으로 내게 지원군이 되어 돌아왔던 것 같다.

인간은 참, 겪어보고 나서야 깨닫게끔 설계가 되었나 보다. '지점장은 팀장과는 또 하늘과 땅 차이'임을 지점장을 달고 나서야 비로소 깨닫게 되었다.

본사에서는 또 나를 어려운 지점의 지점장으로 발령을 냈다. 원래 초기 지점장은 같은 지역이나 가까운 지역에 잘 내주지 않는다. 오히려 멀리 발령을 보낸다. 성경을 보면 예수도 처음에는 자기가 태어난 지역에서 인정을 받지 못했다. 그런데 나 같은 경우는 조금 특별한 상황들이 작용했다. 해당 조직이 어떤 문제나 사유가 있던 조직이었기 때문에 본사에서는 여성 관리자로서 부드러운 카리스마와 구성원들과 원활한 소통 능력을 발휘해오던 나를 발령을 낸 것이다.

내가 발령받은 지점은 발령 당시 정말로 침체된 조직이었다. 지점장과 영업 직원들이 1년 이상 법원 소송을 끌어왔던 조직은 기아자동차 역사에서도 손에 꼽을 만큼 많지 않았다. 그래서 해당 지점은 전국에서도 다 아는 곳이었다. 상사들도 "소영 씨, 거기서 한번 잘해놓으면 앞으로도 정말 계속 잘될 거야"라는 조언과 격려도 아낌없이 해주었다.

그런데 어찌 첫술에 배부를 수가 있겠는가. 사실 본사에서는 좋은 말로 나를 달래서 발령을 낸 것이나 다름이 없었다. 그런데 나라고 극심한 환경 변화를 좋아하는 성향이라서 발령을 수용했겠는가. 단지 조직이 필요에 의해서 나를 그곳으로 전략적으로 배치를 한 것이었고, 나도 처음에는 '울며 겨자 먹기'로 그곳에 갈 수밖에 없었던 것이다.

곰곰이 생각해 보면 인간은 누구나 저마다의 '존재의 이유'가 있었다. 인류사 최고의 베스트셀러인 성경에도 그렇게 나와 있지 않은가. 가톨릭 신자인 나로선 '주님께서 나를 이곳에 보낸 것이고, 그러한 결정에는 다 이유가 있을 것이다'라는 낙관적이고 긍정적 생각을 했던 것 같다. 그때는 나름 그런 소명 의식으로 상황을 다시 바라보려고 노력했다. 그리고 해당 지점의 구성원들이 그간 얼마나 마음이 아팠을까 하는 인류애적인(?) 생각도 들었다. 나 역시도 조직 내에서 많이 싸워보았기에 아무래도 공감이 가는 부분이 있을 수밖에 없었던 것이다.

그래서 나는 '지점 구성원들의 마음의 상처와 생채기를 치유하고 다독여줬으면 좋겠다'라는 생각에까지 뻗치게 되었다. 그러던 중 지점장에 부임하고 얼마 되지 않아 각 지점의 리더들의 자리인 '지점장 컨벤션'에 들어가게 되었다. 리더들이 모인 자리라 그런지 몰라도, 내게는 굉장히 영예로운 자리로 여겨졌다. 실제 거기 모인 리더들 면면에서 후광이 비치는 듯했다. 이때 처음 '기아자동차 리더 할 만하구나' 하는 감정을 느꼈다.

이 모임의 첫날 행사는 우수 지점장과 우수 본부장이 단상에서 상을 받는 행사였다. 그때 상을 받는 리더들의 모습을 보면서 나는 난데없이 나보다는 우리 직원들을 저 자리에 올리고 싶

다고 생각했다. 이유는 너무나도 단순했다. 단상에 올라 최고의 상을 받고 수상 소감을 남기는 모습이 마치 연말 연예 대상이나 가요 대상에서 상을 받는 연예인들처럼 멋있어 보였기 때문이다.

나는 천상 MBTI로 보면 N(직관형) 성향이다. 그런 자리에서 어떻게 보면 허황되어 보이고 발칙해 보이는 상상을 해대는 것을 보면 거기에 딱 들어맞는다. 우리 조직은 전국 300여 곳 기아자동차 지점 가운데 280등 정도 하는 상황이었다. 다시 말해 하위 5퍼센트에도 들까 말까 한 기아자동차 내 최하위 지점인데, 구성원이 똘똘 뭉쳐 하위 5퍼센트를 상위 5퍼센트, 아니 그

이상으로 바꿔볼 작심까지 하고 있었던 것이다. 이 정도면 그야말로 '대형 사고를 친다'라고 표현해도 부족할 것이 없었다.

조직심리학자인 벤저민 하디가 쓴 『퓨처 셀프』에서는 어떠한 행동을 하든 그것은 미래의 나에게 갚아야 할 비용이거나 미래의 나에 대한 투자 둘 중 하나라며, 어떠한 행동을 선택할 것인지 미래의 나에게 진실되어야 한다고 강조한다. 5년 전 『최고의 변화는 어디서 시작되는가』를 읽고 나는 벤저민 하디의 열렬한 팬이 되었고, 그의 마인드를 매사에 실행에 옮겨 나가고 있다.

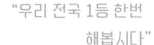

그날, 대전에서 열린 지점장 리더 모임을 갖고 나서 나는 고무적인 감정으로 충만했다. 그리고 이 이벤트를 계기로 확고해진 나의 청사진을 지점 조회 시간에 구성원들에게 자신 있게 공표했다.

"여러분, 우리 전국 톱(Top) 한번 기록해봅시다!"

말이 끝나자 직원들 대다수는 '아침 일찍부터 이게 무슨 뚱딴지 같은 소리야' 하는 표정으로 멀뚱멀뚱 나를 쳐다보는 것이 아닌가. 마치 '하위 5퍼센트에도 미치지 못하는 지점인데, 당신이 잘릴지 남을 수 있을지부터 걱정해야 하는 거 아니야?'라고 속삭이는 듯했다.

어떤 측면에서는 이해도 되고 수긍도 갔던 것이, 우리 지점은 그 어떤 지점장이 와도 개선이 되지 않았던, 시쳇말로 '지점장의 무덤'이나 다름이 없었다. 그래서 직원들의 그런 시큰둥하고 무덤덤한 반응도 어떻게 보면 너무나도 당연한 것이었다. 그럼에도 불구하고 나는 이러한 침체 상황에서 새로운 리더로서 혁신을 담은 멘트를 해야만 했다. 내면 깊숙이 내재한 부끄러움을 무릅쓰고 용기 있는 멘트를 감행한 배경이었다.

지금의 나는 내가 살아오면서 만나왔던 수많은 인연의 끈들, 다시 말해 어느 누구를 만나왔느냐에 따라 달라진다. 인연은 인간을 존재하게 하고, 인간을 인간답게 만들며, 인간을 움직이게 하고, 나아가 바뀌게까지 하는 모든 힘의 근원이다. 그러한 까닭에 내가 가진 모든 사고와 언어와 행동과 가치와 물건과 재산이 모두 인연의 결과인 것이다. 지점장으로 처음 부임했을 때, 나는 우리 팀원들을 한데 엮는 좋은 인연의 구심점으로 작용하고 싶었다.

'색채의 혁명가'로 명성을 드높였던 화가 앙리 마티스는 자신의 그림을 통해 지치고 낙담한 사람들에게 한줄기 위안의 빛을 선사했다. 그처럼 나 역시도 내 말과 행동을 보고 구성원들이 업무의 보람, 나아가 인생의 평안까지 찾았으면 하는 인류애적인(?) 바람을 가지고 지점장 생활에 임했다.

마티스는 자신의 그림이 가져다 주는 힘으로 많은 사람들로부터 사랑을 받았다. 도슨트 정우철의 『내가 사랑한 화가들』이라는 책에는 여러 힘든 상황과 악재 속에서도 붓을 들고 앞으로 나갔던 화가들이 소개된다. 당시의 내 마음은 그들처럼 내 주변 사람들에게 위안이 되는 리더가 되고 싶었다. 이러한 마음과 감정은 조원재의 『방구석 미술관』이라는 책에서도 느끼고는 했다. 『방구석 미술관』에는 발레리나를 애정한 드가의 인간적인 면모가 제대로 드러난다. 그리는 대상에 대해 존경심을 바친 화가라니, 드가의 작품이 왜 시대와 공간을 초월하여 전 세계인의 열혈한 사랑을 받는지 알 수 있었다.

구본형 선생은 20여 년 전에 펴낸 자신의 스테디셀러 『그대 스스로를 고용하라』를 통해 세상이 시들해 보이는 이유는 세상이 진짜 시들어서 그런 것이 아니라, 사람들이 자신의 일과 삶에 대한 관심과 열정을 잃었기 때문이라고 주장한다. 그러면서 '세상은 언제나 그 자리에 그렇게 눈부시게 서 있다'고 강조한다. 나는 리더로서 우리 구성원들에게 이러한 메시지를 전하고 싶었다.

'인생을 살면서 단 한 번이라도 자기 자신에게 뜨거웠던 적이 있는가.'

새로운 지점장으로 부임하고 나서 첫 달 매출은 정말이지 참담하기 그지 없었다. 첫술에 배부를 수는 없었다. 하지만 나는 팀장이었을 때도 한번 목표를 잡으면 어떻게든 전략을 짜서 이루어 나갔다. 그 때문에 나름대로 '근거 있는 자신감'은 가지고 있었다. 그런데 어떤 달이든 목표치의 80퍼센트를 채우기가 쉽지 않았다. 그렇다고 목표를 대단히 높게 잡은 것도 아니라고 생각했다. 지점의 레벨을 감안하여 달성 가능한 매출 목표치를 제시한 것이었다.

그런데 첫 달이 지나도, 둘째 달이 지나도, 셋째 달이 지나도 80퍼센트는 마치 자기가 '마의 숫자'라도 되는 냥 달성 불가능한 수치로 남았다. 전국 매출 랭킹은 여전히 하위 5퍼센트에 머

물렀다. 우리 지점의 영업 사원들은 당시만 하더라도 지점에 대한 로열티(충성심)가 부족했고, '영업'이라는 행위를 그다지 자랑스럽게 여기지 않았다. 그러니 당연히 적극적으로 나서지 않는 분위기가 기저에 깔려 있었고, 영업이 잘 될 리도 만무했다.

나는 태생적으로 승부욕이 강한 편이다. 모멘텀이 떨어지는 조직에 특단의 대책 내지는 조치가 필요한 가운데 지점장 회의가 열리는 시간이 다가왔다. 그런데 저런 성과를 들고 가기가 너무나도 창피한 것이었다. 그래서 어느 날에는 팀원들을 모아 놓고 난생처음으로 부탁이라는 것을 해보았다.

"하위 5퍼센트라니, 너무 가기가 싫다. 내 자존심으로는 이거는 아닌 것 같다."

내 진심이 통했을까. 이 메시지를 전한 뒤로 직원들은 일에 임하는 태도가 달라졌다. 4월을 거쳐 5월, 그러니까 두 달도 채 지나지 않은 시점에 매출 수치가 미친 듯이 우상향 곡선을 그리기 시작했다. 이러한 원동력에는 내 진심을 알아주고 최선을 다해준 팀원들의 노력이 대단히 컸다. 나 역시도 팀원들의 노력을 바라기 전에 '지역 밀착형 영업 방식'을 가동해 나갔다. 그러면서 미친 듯이 지역을 돌아다녔고, 우리 지점의 존재를 잠재 소비자들에게 알리는 일을 했다.

직원들에게는 이렇게 메시지를 전했다.

"사실 나도 이 지역은 처음 와보았고, 그래서 잘 모른다."

모르긴 몰라도 이 대목에서 자극을 받은 구성원들이 있었으리라 생각한다. 지역 출신도 아닌 뜨내기 지점장이 본인들이 오래 담당해왔던 지역을 누구보다 구석구석 누비는 모습에서 말이다.

그리고 우리 팀원들에게는 그렇게 이야기했다.

"지역민들이 우리의 이웃이자 곧 고객이다. 이웃끼리는 서로 돕는다는 마음으로 다가가야 한다."

이러한 마인드로 인천 지역 구석구석을 누볐다. 우리 발자국이 닿지 않은 곳이 없을 정도였다. 교회는 물론 일반 법인, 심지어는 지역 영세 업체에도 찾아갔다. 그간 직원들의 영업을 돕는다는 생각으로 직원들이 가자고 하는 곳만 가 보았다. 그런데 정작 내가 지점장이 되고, 그리고 리더가 되고 나서 스스로 팔고자 하는 곳을 간 것은 처음이었다.

전임자로부터 업무 인수인계를 받고 워낙 해야 하는 업무 커버리지(범위)가 많아서였기도 했지만, 그래도 팀원들에게만 맡기는 느낌을 지울 수가 없었다. 그러다 보니 내가 원하는 만큼 성과가 나지 않아 혼자서 씁쓸함과 답답한 감정을 감내해야 했다. 그래서 결국 현장 속으로 보다 적극적으로 뛰어들어서 영업 실무를 해봐야겠다는 생각까지 하게 된 것이었다.

그런데 막상 현장으로 뛰어들어 보니 그 지역만의 지역색 때문인지, 아니면 여자 세일즈맨에 대한 선입견 내지는 고정관념 때문인지 그 누구도 나를 환영해주지 않는 분위기였다. 대부분 '웬 여자가 차를 팔러 왔네' 하는 눈빛이었다. 아직도 우리 사회 깊숙이 박힌 여자 리더를 향한 선입견 때문에 당시 굉장히 힘들었던 기억이 새록새록 떠오른다.

남초 업계에서 여자 세일즈맨으로 생존하려면 정말 뼈를 깎는 노력이 필요하다. 그래서 나는 기존의 노력 외에도 최대한 현재와 미래의 트렌드를 캐치하기 위해 매년 발간되는 『트렌드 코리아』 시리즈를 구입해 읽어보고는 한다. 소비자학의 전문가이자 권위자인 김난도 교수 등이 해마다 트렌드를 큐레이팅해서 알려주기 때문에 트렌드 파악에 대단히 '시성비(시간 대비 성능)'가 높은 책이라고 생각한다.

『트렌드 코리아 2024』에서는 '분초사회', '호모 프롬프트', '육각형인간', '버라이어티 가격 전략', '도파밍', '요즘남편 없는 아빠', '스핀오프 프로젝트', '디토소비', '리퀴드폴리탄', '돌봄경제' 등을 10대 소비 트렌드 키워드로 꼽았다. 이러한 개념들을 익히고 나면 어디로 돈이 몰리는지를 파악할 수 있고, 그 길목에서 기아자동차 신차 판매 전략을 세워 판매를 극대화하겠다는 계획들이 착착 서게 된다.

오히려 트렌드를 감지하고 반영하는 감각은 남성보다는 여성들이 발달해 있다고 느낀다. 이 땅의 여성 영업맨들이여, 여성들만의 특화한 장점을 잘 살려서 기죽지 말고 당당히 경쟁하자.

하늘은 스스로 돕는 자를 구한다더니

　사람은 누구나 위기를 맞이한다. 그런데 하늘이 무너져도 솟아날 구멍이 있다고 하지 않는가.

　한번은 이런 일이 있었다. 영업 활동에 어려움을 겪던 어느 날, 지역 모처의 교회에 영업을 나갔을 때 만났던 목사님이 우리 지점을 찾아와 주셨다. 이유인즉슨 여자가 홀홀단신으로 돌아다니면서 이웃 사랑을 몸소 실천하고자 하는 모습을 안타깝게 여겨 도와주고 싶으셨던 것이다. 목사님은 교회가 주최하는 가족 행사에 나를 초대하고 싶다고 했다. 그 자리에서 신차 홍보를 해도 좋다며 오히려 영업 활동을 역으로 제안해주셨다. 대단히 큰 감동을 느꼈고 감사한 마음이 들었다.

　그리고 한번은 이런 일도 있었다. 아파트형 공장에 들어간 모

법인에 영업을 나갔는데, 그쪽 담당자가 나를 '여자 지점장'도 아닌 그냥 '여자'로만 대하는 것이 아니겠는가. 이러한 대응이 계속해서 쌓이다가 한번은 쌓였던 감정이 폭발했다. 너무나 답답한 마음에 아파트형 공장의 옥상에 올라가 한숨을 푹 내쉬며 옥상에서 아래를 내려다보았다. 그랬더니 아래에 웬 정수 시설 같은 것이 시야에 들어오는 게 아닌가. 나중에 알고 보니 그곳은 정수 관련 관공서, 즉 정수사업소였다.

나중에 알고 보니 지역의 수돗물을 관리하는 사업소인지라 보통은 일반인이 출입할 수 없는 곳이었다. 나는 그런 사실도 모르고 호기심으로 무작정 내려갔다. 마침 출입구의 차단기마저 올라가 있어 무작정 그곳에 들어섰다. 그리고 지푸라기라도 잡는 심정으로 들이대보자는 생각에 무언가에 홀린 듯이 정수사업소의 소장실까지 다이렉트로 뚫고 들어갔다. 나중에 알고 보니 다른 날은 다 출입이 통제되어 있는 동선이었는데, 그날은 하늘이 절박한 심정이었던 나를 돕고 싶기라도 했는지 내가 가는 길마다 마치 모세의 길처럼 열려 있었다.

그것이 '마지막 한 번 더'의 힘인 듯하다. 지금 와서 곱씹어 생각해보면, 그때 소장실까지 무슨 정신으로 뚫고 들어갔는지도 모르겠거니와, 지금 다시 해보라고 하면 할 수 있을지 모르겠다. 그만큼 나는 그때 그 누구보다 절박하고 간절했다.

그런데 그때도 이번 한 번만 해보고 안 되면 나는 앞으로는 이런 식의 영업은 하지 않겠다고 나름의 자기 암시 내지는 자기 선언을 했었던 것 같다. '마지막 한 번만 더'의 힘이 절묘하게 통했던 것이다. 그런 데다 어렵사리 만나게 된 정수사업소의 소장님이 너무나 반갑게 나를 맞이해주는 것이 아니겠는가. 영업을 다니던 곳마다 '여자 세일즈맨'이라고 문전박대를 당하다시피하여 쓰라린 좌절감을 맛보았던 터여서인지, 나를 반겨주었을 때의 반가움과 고마움이 곱절 이상으로 컸다.

정수사업소 소장님은 한 '여자 세일즈맨'이 여기까지 찾아온 것에 적잖이 놀란 듯했다. 사무실 안으로 나를 안내한 소장님은 여기 앉아보라고 하면서 '아니, 여성분 중에 지점장이 다 있느냐'면서 여느 분들과 다를 것 없는 반응을 보였다. 지금은 많이 나아졌지만 그전까지만 하더라도 사실 가부장제와 유교 문화가 만연했던 우리 사회에서 일견 이해도 되는 일이었다.

나는 그저 인사치레로 묻는 질문인지는 몰라도 일단 궁금해하는 소장님에게 상황을 설명했다. "이번에 새로운 지점에 지점장으로 발령을 받았고, 어찌어찌 하다 보니 이곳까지 오게 되었다"고 했더니, "아니 어떻게 이렇게까지 오게 되었느냐. 자세한 사연이나 스토리는 모르겠지만 내가 도울 수 있는 부분은 돕겠다"면서 굉장히 흔쾌하고 적극적으로 응대해주시는 것이 아니겠는가. 그냥 말뿐인 도움이 아니었다. 징수사업소 소장님은 정말 적극적으로 자신의 네트워크를 가동해 양질의 인맥을 소개해주었다. 아무래도 관공서에서 결정권이 있는 분이다 보니, 인맥이 다양하고 풍부했다. 시청을 비롯해 구청과 소방서까지 온갖 관공서를 다 연결해주었다.

관공서는 정부 기관의 예산을 교부받아 운영되는 것이 본질이다. 그래서 업계의 알 만한 선수끼리는 예산 확보 싸움이라고 이야기한다. 다만 관공서와의 연결고리를 물색하거나 발굴하기까지 과정이 대단히 힘겹다. 그런데 이게 웬 하늘의 도움인지, 우연한 발걸음으로 만난 인연에서 최고의 기회가 생긴 것이 아닌가.

정수사업소 소장님은 아예 발주 계획서를 참고해 보라고 내밀었다.

"조 지점장. 그동안 여기저기 다니면서 고생은 많이 했으니, 그러지 말고 이제부터는 이런 곳 위주로 가봐. 예산이 좀 여유가 있을 거야. 물론 그들이 H자동차를 선택할지, 기아자동차를 선택할지까지는 모르겠지만 한번 접촉을 해봐. 조 지점장이라면 잘 해낼 수 있을 거야."

소장님은 이렇게까지 말씀하시며 아낌없는 격려를 보내주셨다.

이밖에도 이런 일들은 많았다. 그간 두터운 교분과 값진 인연을 쌓아왔던 모 타이어 가게 이웃 사장님은 "아이고, 조 지점장님. 명함 이곳에 놓고 가시면 저희들이 대신 홍보를 해드리겠습니다"라며 마치 본인 일처럼 적극적으로 홍보를 해주셨다. 또 전자업계에서 이름만 대면 알아주는 지역 업체에서는 본인 매장에서 판촉 활동을 하라고 허락해주기도 하셨다. 이런 일련의 사건들을 통해 나는 서로 도우려는 '이웃의 힘'이란 것이 얼마나 대단한 것인지 새삼스레 다시 느끼게 되었다. 더불어 '아직 우리 사회가 살 만은 하구나' 하는 것까지 체감하게 되었다. 하나 더 깨달은 것이 있다면, '어디든 열심히 다니면 되기는 되는구나' 하는 사실이었다.

관공서에 제안서를 넣고 연락이 오면 우리 지점 직원들과 같이 시청이나 구청 같은 관공서로 미팅을 나갔다. 그전까지 우리 영업 사원들은 관공서 같은 곳까지는 영업을 나갈 기회랄 것이 없었다. 그도 그럴 것이 내가 뚫기 전까지는 관공서가 미개척 황무지나 다름이 없었으니 응당 그럴 만했다.

어찌 되었든 그 사건을 계기로 영업 팀원들이 관공서 영업을 난생처음 경험을 해보면서 '아, 관공서 같은 기관들에도 우리 차를 팔 수 있는 거구나' 하고 처음으로 느끼게 되었다. 이러한 구조를 나는 앞에서 말했던 그 '힘들었던 관리자'를 통해 배웠고, 실제로 기회가 왔을 때 적용할 수 있었다.

관공서 영업 이후 영업 직원들도 열심히 해주니 점점 매출이 오르기 시작했다. 그리고 우리 지점이 차를 잘 판다고 소문이 나자, 여기저기서 우리 지점과 미팅을 잡아달라는 요청이 빗발

쳤다. "저희가 이러저러한 이유로 차를 써야 하는데, 리스트를 뽑아서 드릴 테니 이날까지 차량 납기를 마쳐주셔라" 하는 요청들도 있었다. 우리 직원들이 난생처음 겪어보는 '주문 대란'이 이어졌다.

이렇게 분위기가 좋을 때는 직원들도 그야말로 신이 날 수밖에 없다. 그럴수록 구성원들이 더욱 열심히 하게 되고, 클라이언트 역시도 우호적인 반응을 보이게 마련이다. 나중에 알고 보니, 그 당시 패잔병의 감정이 지배적이었던 대부분의 직원들은 일련의 과정들을 경험하고 나서 '그동안 우리는 오리를 잡는 데만 바빴는데, 이 지점장님은 오리를 키워서 농장 안으로 몰고 오는, 뭔가 새로운 경험을 하게 해주네' 하는 놀라움과 경이로운 감정을 느꼈다고 한다. 지금도 잊을 수 없는 뿌듯한 기억이다.

까치 다리만 고쳐줬을 뿐인데
씨앗을 물어 오더라

팀장 시절부터 지점장이 된다면 꼭 해보고 싶었던 일이 있었
다. 나와 함께하는 팀원들이 자신이 하는 일에 의미를 느낄 수
있도록 도와주고 싶었다. 그런데 내가 겪었던 지점장들은 "당
장에 차가 팔리지 않는데 쓸데없는 일들은 하지 말라"며 핀잔
만 주었다. 그들이 왜 그랬는지는 지점장 위치에 오른 지금은
좀 이해가 가기도 한다. 그런데 후배 직원의 의미 있는 시도를
기다려주지 못했던 것에 대해서는 아직도 가슴 한구석에 섭섭
하고 서운한 마음이 남아 있다.

그런데 사람이 언제나 말단에 있을 수만은 없지 않겠는가. 나
도 어느 정도 시일이 지나고 지위가 오르니 당연히 뭐라도 해
볼 수 있는 권한이 주어졌다. 지점장이 되고 나서 어느 정도 지

점장 업무에도 적응을 마치니 팀장 시절 겪었던 아쉬움을 털어내고 싶었다. 그래서 어느 정도 매출 실적을 뽑은 뒤로는 지역 내에서 기부 행사도 진행하고, 봉사 활동도 하고 그랬다. 지역의 이웃들과 함께 아름답고 따뜻한 지역사회를 가꿀 수 있는 다양한 것들을 시도했다.

어려운 이웃들에게 도시락을 나눠 준다거나, 지점 직원들이 헌혈을 통해 봉사한다거나 하는 것들이었다. 지역 주민들과 밀착해 소통하고 기업 이미지를 보다 좋은 방향으로 개선하기 위한 노력의 일환이었다. 지점 직원들과도 퇴근 후 저녁 시간에 갖는 술자리나 회식을 지양했다. 대신 일과 시간에 어려운 이웃들을 돕는 봉사 활동을 같이 나가서 보람된 땀을 흘렸다.

내게 이처럼 다른 사람을 돕는 마인드를 갖게 해준 인생 책이 있다. 에도 시대의 관상가 미즈노 남보쿠가 1814년에 쓴 『소식주의자』라는 책이다. 같은 저자가 쓴 『절제의 성공학』과 더불어 내 인생의 철학서라고 할 만하다.

이 책을 읽고 나는 타인과 자연에 대한 사랑을 전제로 한 절제와 나눔에 관해 생각해보게 되었다. 다른 사람을 돕는 것까지는 어렵지 않을 수 있다. 그러나 남을 도왔다는 그 마음까지 버리는 것은 쉽지 않다. 이 책을 읽고 타인을 돕는다는 것에 대해 한 번 더 곱씹어보게 되었다. 그리고 조급함이 나를 망치지 않도록 겸손하고 절제하는 사람이 되기 위해 순간순간 성장해 나가기로 마음먹었다. 또한 지루하고 느린 작은 습관부터 다시 점검해보게 되었다.

겸손의 중요성에 대해서는 라이언 홀리데이의 『에고라는 적』이라는 책을 통해 절실히 깨달았다. 현대는 파편화한 개인의 시대이다. 저자는 이러한 경쟁 만능 세태이자 성공지상주의 시대에는 자아, 자존감, 자기애, 자아정체성 등 자기를 돌보는 일이 중요하다고 이야기한다. 그러나 자기 자신에게 매몰될수록 자기중심적인 사고에서 벗어나지 못하고 시야가 좁아지며 지나치게 자기에 집착하게 된다고 저자는 경계한다. 다시 말해 지나친 에고는 내가 사랑하는 사람을 죽이고 심지어는 자기 자신마저 죽일 수 있다는 것이다. 눈과 귀와 마음까지 닫고 오로지 자기 자신의 목소리에만 두 귀를 기울이게 되는 까닭이다.

라이언 홀리데이는 '네가 그토록 자랑스러워하는 그것이 마침내 너를 파멸로 이끌 것이다'라는 몽테뉴의 명언을 내세우며 매일 흔들리는 현시대에는 겸손한 마음과 자세로 무엇이든지 배워야 하고, 다른 사람들의 목소리에 진정성 있게 귀를 기울이면서 무엇이 정말로 중요하고 가치 있는 것인지를 찾자고 목소리를 높인다. 이러한 저자의 마인드를 곱씹으면서 나는 겸손한 자세로 주변의 어려운 사람들을 돕고자 했던 것이다.

나는 지점 직원들과 팀을 꾸려 함께 땀 흘리며 봉사 활동을 해 나갔다. 지역 주민들은 물론이고 직원들의 만족도도 점점 높아졌다. 김호연 작가의 베스트셀러 소설 『불편한 편의점』의 배경은 회사 주변에 자리한 따뜻한 편의점이다. 소설 속 편의점 주인인 오 사장은 '행복은 그리 멀리 있지 않고, 내 옆의 사람들과 마음을 나누는 데 있다'라는 메시지를 우리에게 전한다. 삶은 관계이자 소통임을 이 책을 통해, 그리고 지점에서 오랫동안 실천해온 봉사 활동을 통해 느낀다.

어찌 되었든 이렇게 봉사 활동 등 지역사회 공헌 활동을 하게 되니 자연스레 차량 판매량도 덩달아 늘어났다. 까치의 아픈 다리를 고쳐주었을 뿐인데, 까치가 씨앗을 물고 온 것이다. 그러고 그 씨앗은 건강한 씨앗이니 건강한 사회를 만들기 위해 다시 환원해야 한다.

우리는 그렇게 올린 매출에서 일부를 떼어 쌀을 구매했다. 그리고 그것을 가톨릭 인천 교구에 기부했다. 내가 가톨릭 신도이기도 하고 매사에 이웃에 나눠 주는 삶을 실천해왔기에, 이러한 선행이 사회와 조직에 미치는 긍정적인 영향과 선순환 구도에 대해 누구보다 잘 알고 있었다.

기부를 받은 교구에서는 그렇게 전해진 온기에 대단히 큰 감명을 받았던 모양이다. 너무나 반가워하고 좋아해주었을 뿐만 아니라 종국에는 우리 지점을 통해 교구 전체의 차량을 다 바꿔주는 것이었다. 무언가를 바라고 한 행위는 아니었지만, 도리어 그렇게까지 차량을 구매해주니 몸 둘 바를 모를 정도였다. 나중에는 신부님과 주교님의 개인 차량까지 다 우리 지점을 통해 바꾸었다. 이 역시도 앞서 말한 '까치와 박씨 이론'의 일환으로 볼 수 있을 것이다.

코로나19(신종 코로나바이러스 감염증) 팬데믹(대유행) 시기를 겪고 인공지능(AI)과 사물 인터넷(IoT)을 필두로 한 제4차 산업혁명 시대를 살고 있다. 이를 기점으로 전기자동차 보급이 비약적으로 늘고 있다. 이처럼 전기자동차의 대중화는 거스를 수 없는 시대의 흐름이기도 하다. 미래는 환경을 생각하지 않고는 살 수 없는 시대이기 때문이다.

최원형 작가는 『왜요, 기후가 어떤데요?』라는 책을 통해 우리 인간들이 얼마나 많은 전기를 당연시여기며 사용하고 있는지 비판한다. 그러면서 당장 눈앞에 보이는 편리함과 이익을 위해서 전기 등의 자원 사용을 남발하기보다 지구촌의 다른 구성원들과 자연을 배려하고 서로 협력하려는 마음이 절실한 시대라고 강조한다. 요컨대, '덜 소비하고 더 나누는 삶'을 살자는 메시지를 전하고 있다.

기아자동차도 이미 수년 전부터 지구 환경을 위해 전기자동차 모델을 출시하고 있다. 이러한 친환경 정책은 가톨릭의 이념과도 일치한다. 인천 교구에서도 기존의 내연기관 차량들을 전부 전기자동차로 교체했다. 그것도 우리 기아자동차의 차량들로 말이다.

이런 상황을 직원들도 직간접적으로 맞닥뜨리고 경험했다.

그러니 자연스럽게 우리가 사는 사회가 혼자 사는 사회가 아닌 더불어 사는 사회임을 뼛속 깊이 깨닫게 되는 것이다. 게다가 목사님이나 신부님 같은 성직자분들을 직접 마주하고 개인과 사회에 선한 영향력을 미치는 이야기들을 들으면서 직원들의 성향도 이전보다 말랑말랑해지고 긍정적이고 선해졌다. 이전에는 누가 잘되기라도 하면 서로 시기하고 질투하는 경우도 없지 않았다. 사람들끼리 부대끼면서 사는 세상에서는 어쩔 수 없는 일이다. 그런데 봉사 활동 등을 통해 지역사회에 온기를 전하고, 성직자들과 함께 하는 과정에서 직원들의 내면에 선하고 영험한 기운이 깃들고 있다는 느낌을 받았다.

어떤 날에는 봉사 활동을 하고 신부님의 설교를 들으면서 다큰 성인 남자들이 감동을 받아서 눈물을 흘리는 것이었다. 그럴 때면 나는 우리가 서로서로 힘들 때일수록 주변에 어려운 이웃들을 도와주어야 한다고 여기고 실천에 옮겨야 한다고 이야기했다. 그러면 직원들은 나에게 "어떻게 해야 할까요, 지점장님?" 하고 묻고는 했는데, 그러면 나는 "지금보다 열심히 해서 플러스되는 수익금으로 어려운 이웃들을 더 많이 돕는 것은 어떻겠느냐"는 조언을 건네고는 했다.

'내가 아니면 누가'와
'지금 아니면 언제'

온기는 접촉을 해야 전달이 된다. 방송인 김제동 씨가 펴낸 『그럴 때 있으시죠?』라는 책은 세상을 살아가면서 나 자신만 생각하지 말고 더불어 살아보자는 메시지를 던진다. 세상이 어둡다고 불평만 한다면 나아지는 것은 절대 없다. 불평하기보다는 촛불을 한 개라도 켜면서 '내가 아니면 누가', '지금 아니면 언제'라는 생각을 가져야 한다. 그래야 나 자신은 물론이고, 나를 중심으로 퍼져 나가는 온기가 주변부로 서서히 번지면서 세상이 아름다워진다.

내가 그룹 본사의 고위직 임원이 아님에도 불구하고 이렇게 글을 쓰고 책을 펴내는 이유이기도 하다. 내가 책을 내고 우리 조직의 성과와 선행을 일반 대중들에 알려 우리 조직이 좋은 평가를 받고 잘되어야 사회에 더 많은 부분들을 환원할 수 있다고 생각한다.

내 남은 목표는 사적인 이익이 아니다. 나와 내 주변이 다 함께 잘되고, 이러한 선순환을 통해 우리가 사는 세상이 더 따뜻해지고 아름다워지기를 꿈꾼다. 그래서 지금 지점에서도 구성원들에게 나와 함께할 수 있는 공동의 목표를 설정해주고, 단지 거기에서 그칠 뿐만이 아니라 행동을 망설이고 어려워하는 이들을 도울 방법을 찾는 것이다.

그것이 내가 전보다 더 좋은 사람이 되고 나은 사람이 되는 길임을 기아자동차에서 수십 년을 근무하면서 뼈저리게 느끼고 있는 대목이다. 다만 나는 몇 년 전부터는 김재식 작가가 쓴 『좋은 사람에게만 좋은 사람이면 돼』의 책 제목처럼, 모든 사람들에게 좋은 사람이 되려는 '착한 사람 콤플렉스'는 버리자는 주의로 바뀌었다. 실제로 모든 사람들에게 좋은 사람이 되기는 불가능에 가깝다. 우리 주변의 사람들부터 잘 챙기려는 작은 실천으로부터 세상은 아름답게 바뀐다는 것을 나는 믿어 의심치 않는다.

주변을 향해 베풀면 우리 내부가 더욱 단단해지고 확장된다. 지점장을 하면서 그런 사실을 더욱 크게 깨달았다. 나는 구성원들의 어려운 부분을 두 팔 벗고 기꺼이 나서서 해결해주고, 그에 감동받은 구성원들이 더욱 열심히 일을 하면서 우리 지점은 '원 팀(One Team)'으로 거듭나게 된 것이다.

내가 지점장을 단 지 얼마 되지 않은 시점에 우리 지점은 전국에서 1등을 하는 놀라운 기적을 맛보았다. 그리고 나는 기아자동차 지점장 중 '슈퍼 루키'를 달았다. 그러면서 대량 주문 건도 함께 터지는 등 그야말로 겹경사가 났다.

2002년 여름, 거스 히딩크 감독이 본선 최하위 수준이었던 대한민국 축구 국가대표팀을 이끌고 4강 신화를 이룩한 것과

비슷한 매직이라고 하면 너무 과한 비유일까? 여성 지점장이 전국 1등에 오른 것은 전에도 없었고 그 뒤로도 없었기 때문에 한국 축구가 4강 신화를 이룩한 일에 진배없다는 아주 지극히 개인적인 생각을 해본다.

김상운이 쓴 『왓칭』의 부제는 '신의 부리는 요술'이다. 상황을 객관적인 시각으로 바라보는 것에서부터 요술이 시작된다는 것인데, 내가 얼마나 상황을 객관적으로 바라보는가에 따라 '위기'는 '기회'로 변할 수 있다.

인생을 잘 사는 방법에는 두 가지가 있다. 하나는 아무 기적이 없는 것처럼 사는 것. 다른 하나는 모든 게 기적인 것처럼 사는 것이다. 상황을 바라보는 시각을 바꿈으로써 매일매일이 기적 같은 나날이 될 수 있다. 나는 구성원들이 오랫동안 젖어 있던 패배 의식을 지우고 '우리도 해낼 수 있다'라는 관점을 지속적으로 주입함으로써 전국 최상위 지점이라는 기적을 만들어냈다.

Chapter

7

세상을 바꾸는
'원 팀 조직론'

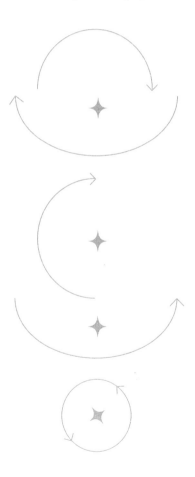

leadership

나중에야 알게 된 사실이지만 차를 대량으로 많이 팔아도 지점에는 큰 의미가 없었다. 동일 업체 판매분이 30대 이상을 넘어가면 그 초과분에 대해서는 본사에서 인정을 해주지 않는다. 내 생각으로는 그리 합리적이지도, 건강하지도 않은 내부 제도인 듯하다. 어찌 되었든 힘들게 일하는 직원들 기운 빠지게 하는 제도임에는 분명하다. 나는 구성원들에게 '차량 30대 이상으로는 너무 힘들게 일하지 말고 현명하고 지혜롭게 일하라'고 주문했다. 오히려 무리한 영업과 판촉 활동으로 몸과 마음에 무리가 가고 '번아웃'이 생긴다면, 지점 전체의 전력에 마이너스가 될 수도 있기 때문이었다.

구본형 선생은 『떠남과 만남』이라는 여행 산문집에서 '휴식은 자신에게 선물하는 따뜻한 시간'임을 강조한다. 그러면서 자신에게 시간을 주지 않고 어떻게 더 나아지고 앞으로 나아갈 수 있는지 반문한다. 현대인들은 언제나 바쁘다. 여기에서 그칠 뿐만이 아니라 동료 등 주위 사람들까지 바쁘게 만든다.

　나는 『떠남과 만남』이라는 책을 통해 '그저 바쁜 사람은 바보에 그칠 뿐'임을 깨닫는다. 바보는 자신, 나아가 주변 사람들을 괴롭히고 타인을 못살게 할 뿐이다. 그렇기 때문에 휴식을 그저 게으름이나 소비로 생각해서는 안 된다. 이러한 마인드에 사회 전체가 공감할 때 사회는 더욱 나아지고 발전한다. 그리고 우리는 그러한 나아진 사회에 살게 된다. 이러한 선순환을 통해 우리 역시도 이전보다 더욱 나은 사람이 될 수 있다.

세상에서 가장 소중한 존재는
바로 당신

그리하여 나는 틈날 때마다 이런 메시지를 건넨다. '세상에서 가장 소중한 존재는 바로 당신'이라고. 이것은 단지 구호에 그치는 말이 아니다. 나는 실제로 직원들에게 목표 수치의 특정 할당량 내지는 임계점 이상은 하지 말 것을 주문한다.

국내 최초의 비주얼 머천다이징 박사 이랑주가 쓴 『THE NEW 좋아 보이는 것들의 비밀』에 따르면 사람들은 좋은 것보다는 좋아 보이는 것들에 끌린다. 다만 좋아 보이는 것들의 비밀은 눈에 보이지 않는다는 것이다.

한번은 이런 생각을 해보았다. 보이지 않은 것을 사람들에게 얼마나 잘 인지시킬 수 있을까. 그래서 스스로 정직함이라는 강박에 사로잡히고, 또 타인과 경쟁하거나 나의 개인적인 편의를 추구하기보다는 내 주변 사람에 대한 배려에 집중하자는 마인드를 추구하게 되었다.

직원들은 오히려 '우리 지점장은 어느 정도까지만 일하고 건강을 챙기라고 하더라'면서 오히려 감동을 받았고, 그 이상의 업무량을 소화했다. 이것이 내가 만년 전국 최하위권인 문제 지점을 전국 일등 지점으로 환골탈태시킨 비결이라면 비결일 것이다.

시간은 누구에게나 소중한 법이다. 조직의 시간 못지않게 조직에 속한 구성원 개개인의 시간도 소중하다. 나는 이러한 인생의 단순하고도 평범한 진리를 로라 밴더캠의 『시간 전쟁』을 읽으면서 더욱 깊게 깨달았다. 로라 밴더캠은 내 시간을 어떻게 보낼지는 스스로가 선택하는 것이라는 메시지를 대중에게 전달한다.

시간 관리의 목적성은 시간을 아껴 쓰는 그 자체에 있는 것이 아니라, 스스로 원하는 인생을 살기 위함에 있다는 것이다. 반드시 서둘러야 하는 상황이 아니라면 인생의 속도를 늦춰야 한다고 강조한다. 의식적인 차분함이 의외로 특별한 선물이 될 수 있다는 것인데, 즐거운 업무를 수행할 때 삶의 속도를 조금 더 늦춘다면 즐거운 시간이 더욱 지속되니 더 많은 시간을 가진 것 같은 느낌을 준다는 것이다.

나는 이러한 '시간의 선순환 작용'을 통해 개인의 시간을 자아실현에 쏟는 것이 궁극적으로는 사람들이 속한 조직, 나아가 세상을 이롭게 하는 데 도움이 되리라 믿어 의심치 않는다. 그리고 이러한 선순환 작용을 종국에는 개인들이 자신만의 경쟁력으로 무장해 자기 브랜드를 구축하고 차별화한 경쟁력으로 심화하길 바란다. 마케터인 강민호는 『브랜드가 되어간다는 것』이라는 책을 통해 나를 책임지고 도울 사람은 나 자신뿐이며, 내 삶이 가장 가치 있는 브랜드라고 강조한다.

이와 연관해 짐 론이 쓴 『드림리스트』라는 책도 주목할 만하다. 짐 론은 사람들이 '버킷리스트'보다는 '드림리스트', 곧 목표를 이루기 위한 목록의 작성을 권유한다. 또한 사람들이 개인에 국한된 꿈이 아닌 인류의 꿈까지 발전할 수 있도록 상상할 것을 강조한다. 그래야만 미래에 대한 간절함을 최대한으로 이끌어낼 수 있다. 그를 위해 일생 동안 이루고 싶은 분명한 꿈을 적고, 그것을 잘 보이게 두고 보며, 큰 소리로 외치라고 이야기한다.

그리고 구본형 선생은 『일상의 황홀』에서 구성원들의 자그마한 친절과 배려가 켜켜이 쌓여야 따뜻한 공존의 공간이 된다고 말한다. 그런 사실을 순간순간 잊지는 않는지 반성하게 된다. 그리고 언제나 '괜찮으냐', '잘하고 있다'며 안부와 격려를 건네주는 주변의 고마운 분들처럼, 나 역시도 다른 사람에게 힘을 주는 사람이 되어야지 다짐하게 된다. 인생 전체를 미적분하면 그리 크지 않은, 다시 말해 사소해 보이는 일상의 조각이라도 감사함과 황홀함을 느낄 수 있음을 깨닫게 된다.

로라 밴데캠이 말하는, 짐 론 그리고 구본형 선생이 강조하는 가치를 매사에 가슴속에 되새기고 나부터 실천하고자 했다. 그리고 그렇게 조직원들과 함께한 결과, 전국 일등이라는 영예로운 훈장을 달 수 있었다.

'책 속에 길이 있다'는
아주 평범한 진리의 실천

'책 속에 길이 있다.' 자기계발서나 유튜브를 보면 심심치 않게 나오는 말이기도 하다. 내가 본격적으로 책을 파고들었던 건 지금으로부터 8년 전인 2017년이었다. 중간관리자로서 리더의 초입에 섰던 시점이었다. 돌이켜 보면 나는 언제나 배움에 대한 갈증이 컸다. 누구나 직장 생활을 하다 보면 어떤 날은 역량의 부족을, 나 자신의 한계치를 절감할 때가 있다. 그럴 때면 선배나 상사에게 여러 가지 조언도 구해보고는 하지만, 잠깐의 위로를 얻는 데 그치고 만다.

구본형 선생은 『구본형의 필살기』라는 책에서 독서와 사유의 반복적인 행위를 축적한다면 어떠한 상황에서도 자신을 지킬 수 있다고 말한다. 그러면서 가장 수익률 높은 투자는 바로 자기 자신에 대한 투자라고 강조한다. 우리가 반복적으로 하는 행동, 다시 말해 습관이 우리를 결정하며, 사람은 기적을 스스로에게 선물할 수 있는 존재여서 평범한 자신을 비범하게 계발해야 한다고 힘주어 이야기한다.

그러면서 '공헌력'이라는 개념을 언급하는데, '공헌력'은 '경쟁력'이라는 단어의 대체어로서 경쟁자에 대한 승리가 목적이 아니라 차별적인 가치를 제공하는 힘을 의미한다.

또한 흔들리지 않는 꿈은 꿈이라고 이야기할 수 없다고도 말한다. 내가 가지고 있는 강점들이 다른 사람들과의 싸움 내지는 경쟁을 전제로 한 무기가 아니라 다른 사람을 도와주는 나만의 차별적인 공헌력을 의미할 때, 우리는 함께 일할수록 즐길 수 있고 혼자서는 할 수 없는 새로운 것들을 창조할 수 있다는 것이다. 이 부분에서 나는 무척 공감이 되었다.

어찌 되었든 배워보겠다는 학구열을 불씨 삼아 2017년 처음 독서 모임에 참가했다. 원래는 '아이 교육에 도움이 되려면 무언가를 더 배워야겠다'는 생각으로 시작하게 되었다. 기아자동차 영업부서에서 정신없이 일하다가 겨우 정신을 차리고 아이들이 커갈 무렵에 독서 모임에 들어가게 된 것이다. 독서 모임을 통해 읽은 책들을 다시 아이한테 읽어주면서 아이를 키우는 일이나 조직을 키우는 일이나 비슷한 점이 많음을 느꼈다. 아이들을 위해 시작한 공부가 결국 나를 위한 공부가 되어 돌아온 것이다. 그래서 나는 우리 직원들에게 "오히려 아이가 나를 키웠다"라고 스스럼없이 이야기하고는 한다. 그렇게 시작한 독서 습관이 지금 10년 가까이 이어지고 있다.

어떤 사람이든지 배울 점이 하나씩은 있게 마련이다. 세상에는 아주 착한 사람도 없을뿐더러 반대로 아주 나쁜 사람도 없다. 모든 사람에게 양면성이 존재하며 누구에게나 보석 같은 면모를 발견할 수 있다. 아이를 키우면서 아이들 내면에 보석 같은 영롱한 빛들이 숨어 있음을 느끼게 된다.

코로나19 팬데믹 시기에는 사람들과의 만남이 그리워서 갑작스레 모임을 만들기도 했다. '러닝랩'이라는 모임이었다. 첫 줌 모임을 앞두고 너무나 설레어하면서 읽었던 책이 바로 행동 과학자 존 리비의『당신을 초대합니다』였다. 사람들이 만들어내는 '연결의 힘'이 얼마나 위대한지에 대해 깨우치게 해준 소중한 책이다.

어찌 되었든 독서 모임을 비롯한 각종 모임들을 시작한 이후로부터는 조금 더 독서 장르의 범위를 넓혀 데일 카네기의 명저『데일 카네기의 인간관계론』이나 토니 로빈스의『네 안의 작은 거인을 깨워라』같은 처세술 혹은 자기계발 서적을 많이 읽었던 것 같다. 그러면서 차츰 범위를 넓혀 나갔고, 나중에는 내 자신 그리고 내가 치한 상황을 지금보다 더 나아지게 만드는 데 필요한 서적 위주로 찾아 읽었다. 그래서 지금은 어떤 특정 분야의 서적만을 고집하지 않고 문학이나 비문학 할 것 없이 다양하게 읽고 있다.

어느 날 한 직원이 내게 고민을 털어놓았다. 그는 자신의 건강 문제에 대해 심각하게 고민하고 있었다. 내가 의사도 아니고 건강 분야에 특별히 관심이 많았던 것도 아니었으니 그에게 해줄 말이 별로 없었다. 그렇다고 해서 내 일이 아닌 듯이 넘어간다면 그로서는 오히려 허탈감 내지는 상실감이 커질 것만 같았다.

그 직원한테는 일단 "그동안 너무 힘들었겠다. 지금은 이런 위로밖에 내가 해줄 수가 없지만, 조금 더 알아보고 괜찮은 방법이 있는지 나름 노력해서 찾아보겠다"라고만 얘기를 했다. 그리고는 도서관과 서점에 틀어박혀 관련 서적을 물색해 탐독했다. 그렇게 조사한 자료와 내용을 가지고 다시 상담을 해주었다. 시간이 흐른 뒤 그는 심리적인 안정은 물론 실질적으로도 굉장한 도움이 되었다며 감사함을 전해 오기도 했다.

어느덧 나는 인간관계나 업무상으로 힘들어하는 직원들에게 어려운 상황을 해결할 수 있는 책들을 추천해줄 정도의 수준까지 이르렀다. 예를 들어 "너는 이러이러한 상황에서 이러이러한 어려움과 고민거리를 안고 있으니, 이런 책들을 읽어보는 건 어때?" 하며 도움이 되는 추천 도서를 권하는 식이었다. 나중에는 여기서 한발 더 나아가 마치 내가 상담 컨설턴트라도 되는 양 "네가 지금은 이러이러한 이유와 환경 때문에 힘들지만, 사실 네게는 이러이러한 장점과 강점이 있다. 그래서 그런 것들을 좀 더 끄집어낼 수 있도록 스스로 환경을 설정하고, 그 환경 속에서 좋은 성향들을 활용해보는 것이 어떻겠느냐" 같은 이야기들도 해줄 수 있게 되었다.

나름 정성껏 상담 솔루션 내지는 어드바이스를 해주었고, 이런 진정성이 통했는지 직원들도 내 이야기를 경청해주었다. 그리고 실제로 자신의 삶에 반영하고 적용해서 개선되는 모습을 보여주고는 했다. 그런 모습을 볼 때면, 나는 마치 학생들을 올바른 길로 인도하는 선생님이라도 된 것처럼 형언할 수 없는 보람과 뿌듯함을 느끼고는 했다.

아이들 내면에 숨겨진 보석 같은 면모를 찾아내고 지상 위로 꺼내 들어 올리는 것처럼, 우리 직원들 각각의 내면에 숨겨진 보석을 찾아내기 위해 매사에 노력한다. 그러한 과정이 어려울 때면 내가 오히려 직원들에게 적극적으로 다가가 "내가 어떤 것을 어떻게 도와주면 너에게 좋은 보상이 될 수 있을까?" 하고 물으면서 리더로서 독려를 해주기도 한다.

'미운 우리 새끼' 같은
팀원 대처법

〈미운 우리 새끼〉라는 TV 예능 프로그램이 있다. 어머니들이 나와서 다 큰 자식들의 일거수일투족을 살펴보면서 느끼는 오만가지 감정들과 반응들을 보여주는 프로그램이다. 이런 '미운 우리 새끼'는 비단 가정에만 존재하는 것은 아니다. 회사에도 존재한다. 아마 이 땅의 모든 회사의 관리직들은 저마다의 '미운 우리 새끼'가 있을 것이다. 어미 품을 떠나지 않는 한 어떻게든 품어내야 하는 것이 바로 '미운 우리 새끼' 같은 존재다.

직원들을 관리하다 보면 어떤 직원은 정말 보기 싫을 정도로 미울 때도 있다. 구성원 중 한 명이 삐죽삐죽한 태도를 보이거나 조직 내 다른 구성원들과 잘 어우러지지 않고 분란과 갈등을 일으킬 때면, 정말 '미운 우리 새끼'라는 표현이 어찌나 잘 들어맞는지 새삼 느끼게 된다. 우리가 예수나 석가모니가 아닌 인간인 이상 누구나 위와 같은 감정들을 느끼게 된다.

그럴 때면 나는 크게 심호흡을 한 번 하고 '이 직원한테도 선한 본성은 있을 거다'라는 생각으로 자비심을 갖고자 부단히 마인드 컨트롤을 한다. 아니, '마음을 비운다'라는 표현이 더 적확한 표현인 것 같다. 그 직원이 그런 것에는 다 이유가 있겠거니 생각한다.

실제로 면담을 신청하고 직접 이야기를 나누다 보면, 다 각자의 힘듦과 고민이 존재한다. 때로는 어떠한 환경이나 좋지 못한 기억에서 헤어 나오지 못하고 본인 스스로가 힘듦의 소용돌이 속으로 자승자박하는 측면도 없지 않다. 이럴 때는 어느 누구보다 당사자 본인이 제일 힘들다고 느껴질 수밖에 없다.

그럴 때 나는 모든 사람은 과거보다는 더 나은 현재와 미래를 꿈꾼다는 사실을 상기한다. 사람들은 자신이 처한 상황을 좋은 방향으로 이끌어가고자 하는 욕구를 조금씩이라도 가지고 있다. 그들에게 나는 이런 메시지를 전달해주고는 한다. "당신이 이렇게 힘든 상황 속에 계속 머물고 싶지는 않지 않느냐. 차를 얼마 더 팔고 그런 것이 중요한 게 아니다. 당신이 이 조직에서 마음 편안하게 일하면서 과거보다 한 발짝 더 나아갔으면 좋겠다"라고.

그렇게 '당신이 과거보다 조금 더 나아지기를 바란다'라는 긍

세상을 바꾸는 '원 팀 조직론'

정과 희망의 메시지를 전하면 조금씩 마음의 문을 열고 이야기를 하기 시작한다. 그럴 때 내가 한발 더 다가가 "그러면 내가 무엇을 도와주면 되겠느냐"라며 구원의 손길을 건넨다. 어려움을 겪는 이들에게 장애물이 되는 것들을 리더로서 조금만 치워주고자 하는 것이다. 그러면 그들로서는 '리더가 자신을 위해 마음과 신경을 써주는구나' 하고 생각하고 마음의 태도를 달리해 변화에까지 이르게 되는 것이다.

나 또한 열혈 직원 기질이 농후하던 시절이 있었다. 조직 내에서 극과 극으로 갈등이 치달은 적도 없지 않았다. 기아자동차 노동조합에는 강성 노조가 여럿 있는데, 정말로 자기주장이 센 사람들이 적지 않다. 자기주장이 강하기로는 나 역시도 만만치 않아서 한때는 노조 간부와 대의원과 싸워서 문제를 일으킨 적도 있었다. 지금보다 혈기 왕성한 젊었을 때였지만 상식적으로 따져보아도 내 말이 맞다고 생각했기 때문에 절대로 타협하고 싶지가 않았다.

한번은 이런 일도 있었다. 내가 아기를 키울 때였는데, 아기가 굉장히 아픈 상황이었다. 아기를 6개월여 만에 출산했으니 태어난 뒤로도 지속적으로 추적 검사를 해야 했다. 나로서는 다음 날부터 휴가를 내야만 했다. 그런데 노조의 파업이 하필 그 날부터 시작되었고, 노조에서는 조합원의 처지나 상황 따위는 추호도 신경 쓰지 않았다. 오늘부터는 무조건 파업에 돌입해야 한다며 강행을 하는 것이었다.

나는 지금도 조합원의 상황을 살피지 않고 조직의 논리, 힘의 논리로 강행하는 무조건적인 강성 노조를 별로 반기지 않는다. 조직의 논리와 힘의 논리로 개인의 권리를 묵살하는 건 시시각각 변화하는 현시대의 정서와 맞지가 않다. 지금은 '개인의 시대'를 넘어 '핵개인의 시대'에 가깝다. 개인의 시대라는 말은 이기주의의 시대라는 의미가 아니다. 예전처럼 조직을 위해 개인을 희생하는 시대는 끝났다는 뜻이다. 그만큼 개인의 권리를 존중해주었을 때 조직도 나아갈 수 있다. MZ세대가 사회의 주축으로 자리한 현시대는 더욱 그렇다.

그런데 그때 당시에는 '노조 말을 듣지 않는 조합원은 있을 수 없다'면서 파업을 강행했던 것이다. 반대로, 조합원의 아픔을 이해하지 못하고 보듬어주지 못하는 조합은 있을 수 없다. 나는 결국 그들과 부딪쳤고 탈퇴까지 하기에 이르렀다. 그로 말미암아 나는 시끄러운 분란만 일으키던 골칫거리가 되었다.

상부에서는 노조와 화해하라는 압박과 지시가 내려왔다. 나는 어떤 면에선 대단히 유연하지만 어떤 면에서는 대나무처럼 꼿꼿한 사람이다. 내가 옳다고 생각하는 부분에서는 절대 소신을 굽히지 않는다. 그때도 내가 옳다고 생각했기 때문에 타협하기가 싫었다. 이런 식으로 가면 오히려 회사가 좋지 못한 방향성으로 간다는 생각밖에 들지 않았다. 그래서 결국 끝까지 화해를 하지 않았다.

그런데 그것도 지나 보니 소신이라고 여겨왔던 그때의 생각도 100퍼센트 맞는 것은 아님을 깨닫게 되었다. 그로부터 수년이 흘러 내가 관리자가 되어보니 그때는 내가 아픈 아이를 둔 어머니로서의 입장과 생각이 강해서 당시 노조 윗선의 위치와 논리를 이해하지 못했던 측면도 없지 않았던 것이다. 샬런 너메스는 『반대의 놀라운 힘』이라는 책을 통해 건전하고 생산성 있는 반대는 더 나은 세상을 만드는 데 마중물 역할을 한다고 설파한다. 그때 내가 '반대를 위한 반대'를 하지 않았는지 반성해보게 된다.

비욘 나티코 린데블라드의 『내가 틀릴 수도 있습니다』라는 책의 제목처럼, 우리 모두는 자신이 틀릴 수도 있음을 인지하고 살아야 한다. 돌이켜 보면 그때의 주장이나 생각이 아집이자 독선이었음을 깨닫고 얼굴이 발개질 수도 있다. '내가 틀릴 수도 있다'는 사실을 덤덤히 받아들이는 성숙함을 가져야 한다.

팀원 간 이해를 이끌어내는 '언격'의 힘

어찌 되었든 그들 입장에서는 한 명, 한 명 다 사정을 봐주다 보면 노조라는 집단으로 발휘할 수 있는 조직 동력이 떨어지게 되는 셈이었다. '조직 운영을 성공적으로 해내려면 조직 논리가 바로 서야 한다'는 것도 이때의 깨달음이다. 이 사실을 그때로 부터 10년가량이 지나 팀장을 하면서 깨닫게 된 것이다.

여현준의 『일잘 팀장은 경영부터 배운다』에 따르면, 애초에 '권위는 나의 것이 아니라 맡겨진 것'이라고 한다. 나는 이 말을 매일 출근할 때마다 가슴에 새기고 팀장 역할을 수행하려고 노력했다. 내가 팀장으로서 팀원들과 부대끼면서 작은 팀이나마 하나 운영하다 보니, '당시 노조위원장의 면을 제대로 세워주지 못했구나' 하는 미안함이 크게 들었다. 내가 그 당시 노조위원장의 입장이 되었더라도 어떤 누구든 아무리 옳은 소리를 하더라도 밉고 원수가 되었을 것 같다.

어떤 시점에 퍼뜩 그런 생각이 들었던 나는 생각에만 그치지 않고 바로 생각을 행동으로 옮겼다. 10년 동안 연락 한 번 하지 않다가 '당시 내가 너무 내 생각만 했다. 지금 내가 팀장이라는 위치가 되어보니 당신 입장이 이해가 간다. 그때 내가 너무 생각이 짧았고 나만 생각한 것 같아서 뒤늦게나마 사과의 말씀을 드리고 싶다'라면서 사과 문자를 보냈다. 노조위원장도 '무슨 그런 일을 아직도 마음에 담아두고 있느냐. 나는 생각도 나지 않는다'면서 흔쾌하게 받아주었다. 그러면서 오히려 '팀장님 되셔서 고충도 많을 텐데 언제든 힘든 일이 생기면 이야기해달라. 내가 도와드리겠다'라며 호의가 담긴 답변까지 해주셨다.

과거 철없던 시절, '나만 옳아', '내가 맞아'라고 여겼던 생각 때문에 상하 막론하고 주변 사람들과 참 많이도 싸웠다. 그런데 관리자 직무를 겪어보며 회사에서 배워 나가고, 그동안 독서량이 많이 쌓인 현시점에서 돌이켜 보니 '그때 그분 말씀도 옳은 부분이 있구나' 하는 생각이 든다. 그때 그분이 왜 그런 말이나 행동을 할 수밖에 없었는지 이해가 된다.

기욤 뮈소의 소설 『당신, 거기 있어 줄래요?』에서는 '30년 전으로 돌아갈 기회가 생긴다면 무엇을 어떻게 바꿀 것인가'라는

　세상을 바꾸는 '원 팀 조직론'

화두를 독자들에게 던진다. 그러면서 과거와 미래에 발목이 잡힌 우리에게 지금 현재를 충실히 살라고 메시지를 건넨다. 과거 노조위원장과의 사건을 마음에 담으면서 과거에 갇힌 나는, 오히려 그의 의연하고 넉넉한 태도와 반응을 통해 기욤 뮈소가 전한 교훈을 되새기게 되었다.

지금은 고인이 된 차동엽 신부님은 『천금말씨』에서 '인격'만큼 중요한 것은 말의 격, 다시 말해 '언격(言格)'이라고 말한다. 그리고 말한 것은 실행하고 지켜내는 것이 더 중요하다고 강조한다. 현대인들은 '먹고살기 바쁘다'라는 가장 흔한 핑계로 많은 것들을 외면하고 도외시한다. 하지만 실상 그것은 문자 그대로 핑계일 뿐이다. 『천금말씨』라는 책을 읽고 바쁘다고 핑계 대지 말고 어떠한 상황에서 내가 할 수 있는 것은 과연 무엇인지, 그리고 어떻게 하면 해낼 수 있을지 방법을 찾아봐야지 결심하게 되었다.

지금의 시대는 '무엇을 말하느냐'만큼이나 '누가 말하느냐'가 중요해졌다. 실로 '격의 시대'를 살아가는 것이 아닐 수 없다. 이러한 시대에 중요한 것은 바로 '전문성'이며, 누구보다 전문가다워야만 기회가 찾아온다는 것을 우리는 오은영 박사, 설민석 강사, 김창옥 강사 등을 통해 체감하고 있다.

조연심 작가는 『하루 하나 브랜딩』이라는 책에서 "완벽해지고 나서 알리기 이전에, 완벽하다고 하고 실력을 쌓아 나가아

한다"라고 말한다. 이 책을 통해 '대체 불가능한' 나 자신이 되자고 마음을 다잡게 된다.

이해하지 못할 행동은 없고, 넘지 말아야 할 선은 있다

　세상에 이해하지 못할 행동은 없다고들 한다. '싸움'이나 '갈등'은 상대를 이해하지 못해 벌어지는 사건이다. '자기만 맞다'라고 우기면 한 걸음도 나아갈 수 없다. 당장은 자기 자신이 다 맞는 것 같기 때문이다.

　나만 봐도 그렇다. 스스로도 어떨 때는 타인의 행위가 이해가 되지 않고, 심지어는 화가 날 때도 적지 않다. 한때 관계가 가장 좋았던 남편과도 어떨 때는 시쳇말로 '웬수'가 되기도 한다. 그런데 같은 조직에 속해 있다고 해서 나와 무조건 생각이 같기를 바라는 것은 자기 욕심밖에 되지 않는다. 소속이 같다고 해서 무조건 친할 이유도 없다. 사람마다 성향과 생각이 제각기 다 다르기 때문이다.

사람을 이해와 공감의 시각으로 바라보지 못하면 갈등과 분란만 일어난다. 그래서 당사자의 입장에서 어떻게 저런 생각을 하고 행동을 했을까를 살피고 그 사람의 여러 측면을 보아야 한다. 팀장으로서 구성원들을 관리하다 보면, 어떤 팀원은 정말 말도 되지 않는 이야기들을 할 때도 있다. 그럴 때 그걸 곧이곧대로 받아들이기보다는 그 이면을 들여다보면 성장 과정이나 인생의 어떠한 과정에서 뭔가 잘못된 생각들이 못처럼 박혀서 그런 경우가 많았다. 그걸 빼내지 못하면 비뚤어지고 어긋난 언행들을 하기도 한다. 조직 관리를 하면서 많이 깨달았던 부분이다.

나는 가급적이면 원수를 만들지 않았다. 어떤 갈등이나 싸움이든 일으키고 나면 괜히 기분만 상한다. 그리고 그런 치열한 다툼 속에서 이겼다손 치더라도 그런 승리는 그렇게 찝찝할 수가 없다. 그렇게 따낸 승리는 진정한 승리자의 모습은 아닌 것이다. 그래서 지금은 "그렇다. 당신 말도 일리가 있다. 당신 말이 맞다"라고 말하며 먼저 져주고 만다. 때로는 "이런 건 이게 맞는데, 우리의 생각이 다르고 입장 차이도 있으니 조금 더 함께 원하는 방향성으로 나가보자"라고 하면서 분위기를 환기시킨다. 상대 입장에서 그를 조금 더 치켜세우고 존중해주면서 이해하려고 노력한다. 그러면 상대가 마치 빚이라도 진 마음으로 나를 도와주는 경험을 종종 했다. 크게 나를 미워하는 원수들도 생기지 않게 되는 것이다.

이러한 인생의 원리를『에너지 버스』와『기버』라는 책을 통해 많이 배웠다. 어떤 리더가 되어야 리더와 조직에 도움이 되는지를 말이다. 나 스스로가 누군가에게는 정말 좋은 사람일 수도 있지만, 다른 누군가에게는 정말 바보 같은 사람일 수도 있는 것이다. 그러면 애정과 관심을 내가 줘야 할 사람에게 주어야 하는데, 모든 사람이 다 똑같이 좋은 사람은 아니니까 '사람을 대하는 자세'를 현명하고 지혜롭게 해야 할 필요가 있다.

『데일 카네기의 인간관계론』에도 잘 나와 있듯이, 가급적이면 적을 만들면 안 된다는 것을 오랜 조직 생활과 리더 생활을 통해 절실히 느낀다. 어떻게든 자신과 자신이 속한 조직에 돌아올 수 있기 때문이다.

장샤오헝이 쓴 책『선을 넘지 않는 사람이 성공한다』는 세상을 살아가며 지켜야 할 예의에 관해 이야기한다. 사내 책 모임 선정 도서로 읽어보았는데, 이야기하기는 쉬워도 지키기는 쉽지 않은 서로의 영역 그리고 내가 모르고 침범했을 수도 있는 수많은 상대의 영역에 대해서 언급하면서, 나부터 상대방의 영역에 함부로 선을 넘어서는 안 된다고 강조한다.

나의 원칙과 중심이 곧추서 있다면, '선'이라는 것은 유동적이지 않을까 하는 생각이 든다. 책을 통해 나는 아무도 보지 않은 곳이라도 스스로의 선을 지키며 살아가는 태도를 갖추게 되었다. 그리고 어떠한 사건 또는 상황이 터졌을 때, 핑계를 대거나 도망가지 않고 제대로 맞서서 대응하는 사람이 되고자 했다. 이러한 원리 원칙들만 잘 지켜 나간다면, 누구라도 직장 생활을 하면서 마이너스가 되지는 않을 거라고 믿어 의심치 않는다.

- 여현준, 『일잘 팀장은 경영부터 배운다』, 메디치미디어, 2017.
- 김상운, 『왓칭』, 정신세계사, 2011.
- 이나모리 가즈오, 『왜 일하는가』, 김윤경 옮김, 다산북스, 2021.
- 로버트 기요사키, 『부자들의 음모』, 윤영삼 옮김, 흐름출판, 2010.
- 찰리 맥커시, 『소년과 두더지와 여우와 말』, 이진경 옮김, 상상의힘, 2020.
- 맥스웰 몰츠, 『성공의 법칙』, 신동숙 옮김, 비즈니스북스, 2019.
- 이어령·김지수, 『이어령의 마지막 수업』, 열림원, 2021.
- 미치 앨봄, 『모리와 함께한 화요일』, 공경희 옮김, 세종서적, 2001.
- 홍성수, 『말이 칼이 될 때』, 어크로스, 2018.
- 김초엽, 『우리가 빛의 속도로 갈 수 있다면』, 허블, 2019.
- 존 그린, 『잘못은 우리 별에 있어』, 김지원 옮김, 북폴리오, 2019.
- 기욤 뮈소, 『당신, 거기 있어 줄래요?』, 전미연 옮김, 밝은세상, 2007.
- 김제동, 『그럴 때 있으시죠?』, 나무의마음, 2016.
- 캐롤라인 알렉산더, 『인듀어런스』, 김세중 옮김, 뜨인돌, 2002.
- 데일 카네기, 『데일 카네기 인간관계론』, 임상훈 옮김, 현대지성, 2019.
- 바실리스 알렉사키스, 『너 왜 울어?』, 전성희 옮김, 북하우스, 2009.
- 매기 앤드루스·재니스 로마스, 『다시 쓰는 여성 세계사』, 홍승원 옮김, 웅진지식하우스, 2020.
- 한강, 『년이 온다』, 창비, 2014.
- 구본형, 『사람에게서 구하라』, 을유문화사, 2007.
- 구본형, 『그대 스스로를 고용하라』, 김영사, 2001.
- 구본형, 『상의 황홀』, 을유문화사, 2004.
- 구본형, 『미치지 못해 미칠 것 같은 젊음』, 뮤진트리, 2011.

- 구본형, 『떠남과 만남』, 생각의나무, 2000.
- 구본형, 『구본형의 필살기』, 다산라이프, 2010.
- 최원형, 『왜요, 기후가 어떤데요?』, 동녘, 2021.
- 로라 벤더캠, 『시간 전쟁』, 더퀘스트, 2020.
- 라이언 홀리데이, 『에고라는 적』, 이경식 옮김, 흐름출판, 2017.
- 존 리비, 『당신을 초대합니다』, 최소영·우태영 옮김, 천그루숲, 2021.
- 구본형, 『구본형의 더 보스 쿨한 동행』, 살림Biz, 2009.
- 류량도, 『제대로 시켜라』, 쌤앤파커스, 2011.
- 김승호, 『알면서도 알지 못하는 것들』, 스노우폭스북스, 2017.
- 하이 케팔러 글·발레리오 비달리 그림, 『100 인생 그림책』, 김서정 옮김,
  사계절, 2019.
- 도준형·이지은·장혜수, 『초등맘이 알아야 할 국어 영어 독서법』,
  앤페이지, 2021.
- 정우철, 『내가 사랑한 화가들』, 나무의철학, 2021.
- 김진애, 『한 번은 독해져라』, 다산북스, 2014.
- 손원평, 『아몬드』, 창비, 2017.
- 최종엽, 『오십에 읽는 논어』, 유노북스, 2021.
- 앤저라 더크워스, 『그릿』, 김미정 옮김, 비즈니스북스, 2019.
- 샬런 네메스, 『반대의 놀라운 힘』, 신솔잎 옮김, 청림출판, 2020.
- 한동일, 『라틴어 수업』, 흐름출판, 2017.
- 손힘찬, 『오늘은 이만 좀 쉴게요』, 부크럼, 2019.
- 김재식, 『좋은 사람에게만 좋은 사람이면 돼』, 위즈덤하우스, 2020.
- 조원재, 『방구석 미술관, 블랙피쉬』, 2018.
- 강민호, 『브랜드가 되어간다는 것』, 턴어라운드, 2019.
- 임경선, 『태도에 관하여』, 한겨레출판, 2015.
- 미즈노 남보쿠, 『소식주의자』, 최진호 옮김, 사이몬북스, 2022.
- 존 고든, 『에너지 버스』, 유영만·이수경 옮김, 쌤앤파커스, 2007.

- 오히라 노부타카, 『게으른 뇌에 행동 스위치를 켜라』, 오정화 옮김, 밀리언서재, 2022.
- 오은영, 『오은영의 화해』, 코리아닷컴, 2019.
- 김자옥, 『그런 어른』, 북스고, 2021.
- 한근태, 『고수의 독서법을 말하다』, 이지퍼블리싱, 2020.
- 한근태, 『당신이 누구인지 책으로 증명하라』, 클라우드나인, 2019.
- 박종윤, 『내 운명은 고객이 결정한다』, 쏭북스, 2019.
- 조은미, 『인사의 다섯 가지 시선』, 바이북스, 2022.
- 짐 론, 『드림 리스트』, 박옥 옮김, 프롬북스, 2012.
- 장샤오헝, 『선을 넘지 않는 사람이 성공한다』, 정은지 옮김, 미디어숲, 2022.
- 신도현, 『조선이 사랑한 문장』, 행성B, 2019.
- 팀 페리스, 『지금 하지 않으면 언제 하겠는가』, 박선령·정지현 옮김, 토네이도, 2018.
- 이토 모토시게, 『도쿄대 교수가 제자들에게 주는 쓴소리』, 전선영 옮김, 갤리온, 2015.
- 김민식, 『매일 아침 써봤니?』, 위즈덤하우스, 2018.
- 이기주, 『마음의 주인』, 말글터, 2021.
- 김소나 글·mamma 그림, 『너의 MBTI가 알고 싶다 from 고슴도치』, 이북스미디어, 2022.
- 이랑주, 『THE NEW 좋아 보이는 것들의 비밀』, 지와인, 2021.
- 마이클 셸런버거, 『지구를 위한다는 착각』, 노정태 옮김, 부키, 2021.
- 차동엽, 『천금말씨』, 교보문고, 2014.
- 폴커 키츠·마누엘 투쉬, 『마음의 법칙』, 김희상 옮김, 포레스트북스, 2022.
- 최영기, 『이토록 아름다운 수학이라면』, 21세기북스, 2019.
- 이승헌, 『대한민국에 이런 학교가 있었어?』, 한문화, 2018.

- 최태성, 『역사의 쓸모』, 다산초당, 2019.
- 한근태, 『공부란 무엇인가』, 샘터, 2021.
- 남경홍, 『허공의 놀라운 비밀』, 지식과감성, 2013.
- 이승현, 『우리말의 비밀』, 한문화, 2013.
- 이미예, 『달러구트 꿈 백화점』, 팩토리나인, 2020.
- 김창옥, 『지금까지 산 것처럼 앞으로도 살 건가요?』, 수오서재, 2019.
- 다니엘 핑크, 『WHEN 언제 할 것인가』, 이경남 옮김, 알키, 2018.
- 김난도 외, 『트렌드 코리아 2023』, 미래의창, 2022.
- 허지웅, 『최소한의 이웃』, 김영사, 2022.
- 한근태, 『나는 심플한 관계가 좋다』, 두앤북, 2019.
- 프리드리히 니체, 『초역 니체의 말』, 시라토리 하루히코 편역, 박재현 옮김, 삼호미디어, 2020.
- 예저우, 『니체 누가 당신의 인생을 그저 그렇다고 하는가』, 정호운 옮김, 오렌지연필, 2018.
- 그랜트 사바티어, 『파이낸셜 프리덤』, 박선령 옮김, 반니, 2019.
- 조셉 머피, 『부의 초월자』, 조율리 옮김, 다산북스, 2022.
- 정지아, 『아버지의 해방일지』, 창비, 2022.
- 제임스 도티, 『닥터 도티의 삶을 바꾸는 마술가게』, 주민아 옮김, 판미동, 2016.
- 김호연, 『불편한 편의점』, 나무옆의자, 2021.
- 김도윤, 『럭키』, 북로망스, 2021.
- 율곡 이이, 『격몽요결』, 김원중 옮김, 민음사, 2015.
- 한근태, 『고수의 일침』, 미래의창, 2016.
- 스티븐 기즈, 『지금의 조건에서 시작하는 힘』, 조성숙 옮김, 북하우스, 2015.
- 이안 그랜트·메리 그랜트, 『딸 키울 때 꼭 알아야 할 12가지』, 유윤한 옮김, 지식너머, 2016.

- 애덤 그랜트, 『기브 앤 테이크』, 윤태준 옮김, 생각연구소, 2013.
- 조 내버로·토니 시아라 포인터, 『자기 설계자』, 허성심 옮김, 흐름출판, 2022.
- 린 그라본, 『여기가 끝이 아니다』, 황을호 옮김, 나비스쿨, 2021.
- 혼다 켄, 『돈과 인생의 비밀』, 홍찬선 옮김, 더난출판, 2005.
- 닐 도쉬·린지 맥그리거, 『무엇이 성과를 이끄는가』, 유준희·신솔잎 옮김, 생각지도, 2016.
- 보도 섀퍼, 『부의 레버리지』, 한윤진 옮김, 비즈니스북스, 2023.
- 김소래, 『유희』, 문학나무, 2018.
- 에드 마일렛, 『'한 번 더'의 힘』, 박병화 옮김, 토네이도, 2022.
- 사이토 히토리, 『1퍼센트 부자의 법칙』, 김진아 옮김, 나비스쿨, 2023.
- 세이노, 『세이노의 가르침』, 데이원, 2023.
- 태공망·황석공, 『육도·삼략』, 유동환 옮김, 홍익출판사, 2005.
- 이지성, 『내 아이를 위한 인문학 교육법』, 차이정원, 2016.
- 밥 프록터, 『밥 프록터의 위대한 확언』, 김잔디 옮김, 페이지2북스, 2022.
- 김종봉·제갈현열, 『돈은, 너로부터다』, 다산북스, 2023.
- 로빈 샤르마, 『에브리데이 히어로』, 김미정 옮김, 프런티어, 2023.
- 그랜트 카돈, 『집착의 법칙』, 최은아 옮김, 부키, 2023.
- 벤저민 하디, 『퓨처 셀프』, 최은아 옮김, 상상스퀘어, 2023.
- 우석, 『인생투자』, 오픈마인드, 2023.
- 김난도 외, 『트렌드 코리아 2024』, 미래의창, 2023.
- 스튜어트 에머리·아이반 마이즈너·더그 하디, 『당신의 방에 아무나 들이지 마라』, 신봉아 옮김, 쌤앤파커스, 2023.
- 댄 설리번·벤저민 하디, 『누구와 함께 일할 것인가』, 김미정 옮김, 비즈니스북스, 2023.
- 아놀드 홍 외, 『간헐적 단식? 내가 한 번 해보지!』, 한국경제신문사, 2019.
- 조연심, 『하루 하나 브랜딩』, 힘찬북스, 2023.

- 켈리 최, 『100일 아침 습관의 기적』, 다산북스, 2023.
- 스콧 영, 『울트라러닝, 세계 0.1%가 지식을 얻는 비밀』, 이한이 옮김, 비즈니스북스, 2020.
- 김익한, 『파서블』, 인플루엔셜, 2023.
- 조지 사무엘 클레이슨, 『5000년의 부』, 서진 편저, 안진환 옮김, 스노우폭스북스, 2023.
- 월러스 워틀스, 『불멸의 지혜』, 서진 편저, 안진환 옮김, 스노우폭스북스, 2023.
- 피니어스 테일러 바넘, 『부의 기본기』, 서진 편저, 안진환 옮김, 스노우폭스북스, 2023.
- 브랜드 버처드, 『백만장자 메신저』, 위선주 옮김, 리더스북, 2018.
- 사이토 다카시, 『일류의 조건』, 정현 옮김, 필름, 2024.
- 도널드 밀러, 『무기가 되는 스토리』, 이지연 옮김, 윌북, 2018.
- F. 스콧 피츠제럴드, 『위대한 개츠비』, 김욱동 옮김, 민음사, 2003.
- 토니 로빈스, 『네 안에 잠든 거인을 깨워라』, 홍석윤 옮김, 넥서스BIZ, 2023.
- 벤저민 하디·댄 설리번, 『10배 마인드 셋』, 심채원 옮김, 글의온도, 2024.
- 브라이언 트레이시, 『행운의 법칙』, 박병화 옮김, 김영사, 2024.
- 이충무, 『숨은 행복 찾기』, 바오로딸, 2023.
- 모건 하우절, 『불편의 법칙』, 이수경 옮김, 서삼독, 2024.
- 조경자, 『고구마꽃이 피었습니다』, 바오로딸, 2023.
- 김태훈, 『우리가 사랑한 빵집 성심당』, 남해의봄날, 2016.
- 김형중, 『인생 리셋』, 라온북, 2024.
- 이광호, 『초필사력』, 라온북, 2024.
- J.D. 밴스, 『힐빌리의 노래』, 김보람 옮김, 흐름출판, 2017.

조 인 제
전 기아자동차 인천본부장 이사

우리 삶에 세일즈가 아닌 게 있을까?

10년 전 치열한 세일즈의 현장인 논현 지점에서 처음 만난 조소영 직원을 기억한다. 단지 한 시기에 함께 근무했다는 이유로 이 추천사를 쓸 수 있다는 것이 영광스럽기도 하고 감사한 일이다.

조소영은 세일즈의 최전선인 남성 위주의 자동차 영업 현장에서 여사원으로 시작해서 최고의 성과를 내고 있는 지점장이 되기까지, 그 성장 과정의 한 매듭을 짓는 진행형으로 책을 썼다. 솔직히 놀랐다. 현업에 전력하는 것도 쉬운 일이 아닌데 그 와중에 한 권의 책까지. '나는 직장 생활에서 어디쯤 와 있을까?' '그동안 어떤 일을 하면서 어떤 마음가짐으로 여기까지 왔을까?' '내가 걸어온 길이 최선의 길이었을까?' 등을 진정성 있게 되돌아보면서 써 내려갔을 그녀가 떠올랐다.

모두가 힘들어할 때 '나는 당신을 믿어' 미소로 신뢰를 보내는 사람. 절벽을 앞에 두고서 남보다 먼저 한 발 내딛는 사람, 녹록지 않은 상황임에도 불구하고 주어진 일을 훌륭히 해내는 사람. 저자를 생각하면 떠오르는 이미지들이다.

지나고 보니 인생은 작은 것 하나도 그냥 얻어지는 것이 없다. 허리 굽혀 땅을 파고, 씨를 뿌리고, 가꾸는 노력을 했을 때만이 내 주위가 온갖 꽃들이 피어나는 정원이 된다. 오늘까지의 성공은 땅에 씨앗을 심기 위해 몸을 낮추고 부지런히 가꾸고 일군 결과물이다. 그녀의 경력은 그녀가 인내를 통해 가꾸어온 정원이다. 그렇게 본인이 함께하는 사람들과 직장을 아름다운 정원으로 만들어온 것이다. 이 책은 그녀가 기아차 입사 초기부터 겪은 도전과 시련, 그리고 그 속에서 성장한 모습이 오롯이 담겨 있고, 직장인들이라면 누구나 공감할 수 있는 이야기다. 독자들에게 자신의 직업적인 삶에 대해 성찰할 수 있는 시간을 갖게 하는 책이다.

초보 리더로서의 시행착오와 배움을 통해 '서번트 리더십'을 실천한 사례들은 조직 내에서 인간 중심의 리더십이 얼마나 큰 변화를 이끌어내는지 알 수 있다. 누구나 리더가 될 수 있지만 위기 앞에서 참다운 리더는 찾기가 어려운 현실이다. "요즘 너무 힘들어", "이쯤에서 적당히 해야 할까 봐. 스트레스가 너무 많아", "그냥 적당히 하자. 시간은 가고 월급은 나온다", "진급도 힘들고 사람들과 부대끼는 것도 피곤해", "내가 열심히 한다고 뭐가 달라지겠어" 이런 생각만 하는 과거와 결별하고 싶다면 한 여직원의 치열한 분투기를 TV의 서바이벌 프로그램처럼 읽어보기를 권한다.

이 책은 위기는 기회라는 긍정적인 생각을 통해 역경을 이겨내는 리더의 자세는 어떠해야 하는지 보여준다. 위기 속에서 어떻게 기회를 발견하고, 이를 성공으로 연결시킬 수 있는지 구체적으로 설명한다. 특히 여성 리더로서의 도전은 편견을 극복해 나가는 과정을 담고 있어, 많은 여성 리더들에게 큰 힘과 용기를 줄 것이다.

조 지점장이 어떻게 지점을 이끌고 전국 1위라는 기적적인 성과를 이루었는지에 대한 구체적인 전략과 사례들은 현실감 넘친다. 그러나 이러한 외적인 성공보다 한 직장인이 조직을 이끌어 나가기 위해 어떠한 마음가짐으로 일과 사람을 대해왔는지 주목해보고 싶다. '기버 이론'을 바탕으로 한 선순환 구조의 팀 운영 방식은 모든 리더들이 주목해야 할 부분이다.

조직의 진정한 힘은 개개인이 아니라 모두가 한 팀으로서 협력할 때 발휘된다. 그런 면에 있어 조 지점장의 서번트 리더십과 솔선수범은 빛을 발한다. 우리는 끊임없이 새로운 변화를 추구하지만 오히려 변하지 않는 가치에 위로를 받는다. 사람에 대한 믿음과 신뢰, 일에 대한 열정, 리더로서의 책임감 등은 직장생활에서 당연이 갖춰야 할 기본 가치일 것이다.

이 책에는 자신감을 잃어버린 관리자라면 한 번쯤 마음가짐을 새롭게 해서 힘을 내야 할 만한 이야기들이 실려 있다. 어떤 마음가짐으로 일과 사람을 대해야 하는지를 알고자 하는 이들이라면, 조직 관리와 리더십을 고민하는 이들이라면 이 책이 큰 용기를 줄 것이다.

아울러 이러한 과정에서 책을 읽고, 배우고, 실천한 것들이 오늘의 성공을 만들어냈음을 알게 된다. 다독을 통해 '책 속에 길이 있다'라는 메시지를 확인시켜준 것이다. 각박한 영업 환경 속에서도 책을 손에서 놓지 않았고 어려울 때 중심을 잡는 지침서가 되었다. '나는 부족하다'라는 흙수저로서의 결핍을 채우는 노력을 책으로 대신한 것이다.

조 지점장은 책을 통해 얻은 지식과 교훈을 자신의 일터에 적용하고, 더 나아가 팀원들과 공유하며 그들의 성장을 도모하는 리더십을 보여주었다. 어려운 세일즈의 현장에서도 책은 그녀에게 지침이 되어 어려운 시기를 헤쳐 나가는 데 도움을 주었다.

책 한 권을 읽는 것은 어쩌면 한 사람의 인생을 읽는 일이다. 어떤 책에 'HOPE'라는 야광 글씨를 크게 적어놓은 것을 기억한다. 어두울 때 더욱 빛을 낸다는 의도였을 것이다. 이 책이야말로 그런 책이다. 직장 생활, 특히 영업 현장은 깜깜하고 아득하게 느껴질 때가 많다. 그럴 때 더욱 빛을 발하는 책이 되었으면 좋겠다.

　이 책에는 어려운 환경을 극복한 성공의 이야기가 많이 담겼다. 그러나 앞으로도 계속 장밋빛 미래만 펼쳐지리라는 보장이 없는 것이 영업 현장이다. 자신의 과거와 성공한 현재의 모습이 미래의 성과로 저절로 오지 않는다는 것은 누구든 잘 알고 있을 것이다. 이 책은 역경을 극복하고 성공한 이야기이기도 하지만, 성공은 결코 보장되지 않으며 미래는 언제나 새로운 도전이 될 것임을 상기시켜준다.

　에드가 게스트(Edgar A. Guest)는 「수확과 장미꽃」이라는 시에서 "수확이나 장미꽃을 얻기 위해서는 누가나 끊임없이 흙을 파야만 한다"라고 했다. 이미 인상적인 성취를 바탕으로 계속해서 성장하고 번영하는 데 이 책이 디딤돌이 되기를 바란다.

강 환 규
봄들애 인문교육 연구소 대표.
『스탠퍼드는 이렇게 창업한다』『공부머리 대화법』저자

작고 아름다운 거인의 발자국

사람의 변화가 언제 시작된다고 생각하는가?

모든 성공은 과정에서 온다. 우리가 책에서 만나는 거인들도 항상 과거의 과정을 통해 지금을 만들어냈다. 대부분의 사람들은 워렌 버핏처럼 부자가 되고 싶어하지만 워렌 버핏처럼 살려고 하지 않는다. 아이러니한 일이다.

성공을 이루는 과정에서 워렌 버핏이 어떤 철학을 가지고 투자를 하는지, 어떻게 시간 관리를 했는지, 어떤 책을 어떻게 읽었는지 알고 싶어하지 않는다. 하지만 성공에 지름길은 없다. 어떤 환경에서도 이 과정을 묵묵히 걸어갈 수 있는 사람만이 성공이라는 결과를 맛볼 수 있다.

조소영 저자와의 만남은 7년 전 시작되었다. 나이를 믿을 수 없는 동안 외모에, 백옥 같은 피부, 나긋나긋한 말투, 어떻게 봐도 여성스럽기 만한 저자를 보면 정말 책 속에 담긴 도전들과 거리가 멀어 보인다.

지금은 기아자동차의 No. 1 지점장으로, 저자로 큰 성공의 길을 걷고 있지만 저자와 처음 만났을 때만 해도 그녀의 상황은 썩 녹록지만은 않았다. 당시 그녀는 일도, 가정도 많이 힘든 상황이었다. 나는 그녀가 묵묵히 7년간 밟아온 삶의 자리를 옆에서 지켜봐왔다. 그렇기에 한 글자 한 글자 행간에 담긴 그 간절한 노력과 과정이 오롯이 느껴진다.

그녀는 일과 가정을 오가며 바쁜 와중에도 매주 토요일 새벽 온오프라인 독서 모임인 '타이탄 북클럽'에 참석해 자신의 성장을 멈추지 않았다. 그리고 봄들애 인문교육 연구소에서 하는 모든 교육을 이수했다. 책을 실행으로 옮기는 행동력 코치 과정, 퍼스널 브랜딩 책 쓰기 과정, 자녀와 함께하는 인문학 교육 그랜드 씽커 수업까지 받으며 저자의 삶의 방향과 가속도가 바뀌기 시작했다.

힘이 되는 생각을 하는 사람, 문제나 장애물보다 큰 사람, 원하는 것을 제대로 요청하는 사람, 훌륭한 사람과 교류해서 큰 에너지를 만드는 사람으로 스스로를 정의했고, 그 방향으로 나아갔다. 무엇보다 가장 소중한 존재인 나와 가족을 더욱 사랑하기 시작했다.

이 책은 성공의 방향으로 나아간 저자의 리얼하고도 솔직, 유쾌한 삶의 지식과 지혜가 가득 담겨 있다. 책을 읽다 보면 독자 여러분에게도 작고 아름다운 거인의 첫 발자국이 보일 것이다. 정말 위대한 일상의 연속이었고, 섬김과 사랑의 본이 여기에 있다.

큰 바위 얼굴을 평생을 찾아 다니다가 결국 그 큰 바위 얼굴을 가장 닮아버린 사람처럼, 여러분의 큰 바위 얼굴이 될 수 있을 것일 확신한다. 가짜들이 판치는 세상에서 진짜 중에 진짜를 소개할 수 있어서 영광이다.

한 근 태
서울과학종합대학원 교수

과거 자동차 회사에서 임원 생활을 한 경험이 있다. 그래서 여성이 자동차를 판다는 게 얼마나 어려운 일인지 조금은 안다. 게다가 직원이 아닌 지점장을 한다? 그림이 잘 그려지지 않는다. 그런데 전국 꼴찌 지점을 일등으로 환골탈태시키다니. 이건 거의 기적에 가까운 일이다.

이 책을 읽으면서 이유를 알 수 있었다. 여러 이유가 있겠지만, 내가 생각하는 제1의 이유는 바로 독서다. 그녀는 제대로 된 독서를 통해 오늘날의 성과를 냈다. 보통 '영업' 하면 '술'을 연상하지만 내 생각은 다르다. 그녀는 술로 영업하는 대신 책을 통해 인간에 대한 통찰력을 기르고, 그것을 현장에 접목해 성과를 낸 것이다.

내가 생각하는 좋은 책의 정의가 있다. 읽기 전과 읽은 후가 달라지는 책이다. 이 책 역시 좋은 책의 조건을 다 갖췄다.

요즘 경기가 나빠졌다고들 한다. 하지만 그것은 공부하지 않는 자의 변명이라고 생각한다.

　무언가 돌파구를 찾고 싶은가? 도탄에 빠진 조직을 살리고 싶은가? 이 책의 일독을 권한다.

김 형 중
『인생 리셋』저자

그녀가 책을 썼다는 소식과 함께 초고를 전해 왔다. 원고를 받자마자 단숨에 읽어 내려갔다. 당연히 그럴 수밖에 없었다. 오랜 기간 직장 생활에서 펼쳐온 생존 노하우를 마치 커피 한 잔하면서 들려주는 듯한 드라마틱한 스토리에 나는 흠뻑 빠져 들었다.

정글과 같은 조직 생활을 하고 있는 이 시대 직장인(특히 여성)에게 훌륭한 지침서로 손색이 없다. 열정적인 여성 리더의 삶을 훔쳐보고 싶은 남성 직장인들에게도 강력 추천한다.

아! 그리고, 인간관계의 달인! 조소영 지점장을 보유한 기아 자동차는 우연한 승자가 아닐 것이다.

성 제 현 루 카 신 부
가톨릭 교구청

사람에게 가장 오래 남는 기억은 '첫인상'이라고 한다. 조소영 지점장과의 첫 만남의 기억은 '기분 좋은 웃음'이었다. 함께 나눈 이야기가 시시콜콜한 농담거리도 아니었는데 함께 많이 웃으며 기분 좋은 대화를 나누었다. 그리고 그 만남 뒤에 '믿을 만한 사람'이라는 생각이 들었다. "걱정하지 마세요, 신부님!" 웃으며 말하는 지점장님의 말은 흔하게 지나가는 덕담이 아니라 '정말로 잘되겠구나'라는 생각이 들게 하는 힘이 있었다.

조소영 지점장의 책을 읽고 나서 그런 신뢰감이 어디서 생기는 것인지 알게 되었다. 그녀는 스스로를 '삼무(돈 없고, 빽 없고, 능력 없는)' 흙수저라고 말한다. 내가 볼 때는 지나친 겸손 같다. 오히려 '삼유'에 가깝지 않을까 싶다.

그녀에게는 고난을 성장의 기회로 여기는 도전 정신이 있다. 그리고 마주한 사람에게 웃음을 전염시키는 공감의 매력이 있다. 마지막으로 믿음을 심어주는 신뢰의 리더십까지 지녔다. 남들은 하나도 가지기 힘든 이런 달란트를 셋이나 가지고 있으니 어쩔 수 없는 성공한 다이아몬드 수저이다.

리더십이 실종된 사회, 정의로운 리더십이 그리운 요즘, 이 책을 집어 든 독자들이 동료들과 손잡고 유리천장을 깨며 비상하는 조소영 지점장, 아니 조소영 작가의 숨겨두었던 비기를 발견하시길 바란다.

박소연

서울아산병원 교수,『강점으로 키워라』저자

첫 만남부터 기분 좋은 사람이 있다. 반면 첫인상은 별로지만, 만나면 만날수록 좋아지는 사람도 있다. 첫 만남부터 좋았는데 만나면 만날수록 더 좋아지는 사람은 극히 드물다. 조소영 님은 내게 매우 드문 그런 귀한 존재다. '따뜻함'이 사람으로 표현될 수 있다면 바로 그녀가 아닐까 싶다.

'변화는 사람이 만든다'고 한다. 사람은 어떻게 보면 단순하다. 마음이 열려야 변화한다. 마음을 열고 소통해야 변화하고, 그래야 성과를 낼 수 있다. 전국 꼴찌 지점을 일등 지점으로 바꾼 것에는 조소영 지점장만의 '마음을 여는 리더십'이 바탕이 되었다.

인생과 일을 '더하기'가 아닌 '곱하기'로 만들고 싶다면, 바로 이 책을 읽을 시간이다. 따뜻하고 능력 있는 저자가 그 길을 알려줄 것이다.

조은미
『인사의 다섯 가지 시선』 저자

책을 쓰는 게 드문 일이 아닌 세상이 되었다. 지인들이 자기가 쓴 책을 선물하면 두 가지 마음이 공존한다. 성의와 노력을 생각해서 예의상 읽어줘야 할 것 같은 부담감과 글도 주제도 그저 그런 책에 시간을 쏟고 싶지 않은 마음이다.

하지만 조소영 작가의 추천서 요청에는 작으나마 기꺼이 힘을 보태고 응원해주고 싶었다. 알맹이 없이 멋진 문장으로 꾸민글이 아닌 그녀가 살아온 삶의 궤적을 진심으로 담은 글이었기 때문이다.

조소영은 자신은 그저 직원들을 진심으로 대한 것밖에 없다고 겸손하게 이야기한다. 변함없는 진심으로 누군가를 대하는 일에 상처와 좌절이 왜 없었을까? 그래서 그녀의 글은 힘이 있고 마음에 와 닿는다.

조직 생활을 하면서 누구나 처했을 법한, 그리고 많은 리더가 고민했을 법한 상황에서 그녀가 어떻게 '차이'를 만들어냈는지 꼭 읽어보기를 권한다.

이렇게 소통하면 모두 리더가 된다

기분 좋게 사람을 움직이는 힘

초판 1쇄 인쇄 | 2024년 12월 20일
초판 1쇄 발행 | 2024년 12월 30일

지은이 | 조소영

펴낸이 | 구본건
펴낸곳 | 비바체
출판등록 | 제2021000124호
주소 | (27668) 서울시 강서구 등촌동39길 23-10, 202호
전화 | 070-7868-7849
팩스 | 0504-424-7849

ISBN 979-11-93221-25-9 03320

* 이 책의 수익금은 가톨릭 청소년 자립지원관 별바라기와
  사회복지회에 기부됩니다.